Zu diesem Buch

Männer sind keine Frauen. Das ist an sich keine bemerkenswerte Erkenntnis, doch dahinter verbirgt sich eine Wahrheit, die es zu begreifen gilt: Männer sind nicht so wie wir Frauen – sie denken, fühlen, handeln, streiten anders als wir. Und deswegen werden sie uns nie so gut verstehen wie unsere beste Freundin. Eigentlich finden wir Männer ja auch gerade klasse, *weil* sie so anders sind. Männlich eben. Aber trotzdem kann das Leben mit ihnen aus denselben Gründen auch manchmal ganz schön anstrengend sein.

Um den anderen besser zu verstehen, muss man erst mal begreifen, was die eigene Persönlichkeit ausmacht – diese Psychotests können Ihnen dabei helfen, beides zu erreichen.

Claudia Pless, geboren 1967 in Singen am Hohentwiel, studierte Psychologie und Sozialwissenschaften an der Universität Konstanz, danach arbeitete sie als Zeitungs- und Zeitschriften-Redakteurin. In ihrer späteren Funktion als Textchefin sowie stellvertretende Chefredakteurin hat sie u. a. mehrere Jahre Psychotests entwickelt und betreut. Heute schreibt sie als freie Journalistin u. a. für die *Glamour*. Sie lebt mit ihrem Mann in der Nähe von Hamburg.

Claudia Pless

Was ich schon immer über mich und die Männer wissen wollte

... und weitere Psychotests für alle Lebenslagen

Rowohlt Taschenbuch Verlag

Originalausgabe
Veröffentlicht im Rowohlt Taschenbuch Verlag GmbH,
Reinbek bei Hamburg, November 2003

Lektorat Martina Behrens
Umschlaggestaltung any.way, Martina Kloke
(Illustration: Knud Jaspersen)
Satz Proforma PostScript (PageMaker)
bei Pinkuin Satz und Datentechnik, Berlin
Druck und Bindung Druckerei C. H. Beck, Nördlingen
Printed in Germany
ISBN 3 499 61493 6

Die Schreibweise entspricht den Regeln
der neuen Rechtschreibung.

Inhalt

Ein paar Worte vorweg ...

Was weiß ich über mich und mein Leben? Was wünsche ich mir? Und welche Rolle spielen dabei die Männer?

Fragen wie diese beschäftigen uns immer dann, wenn wir vor einem entscheidenden Schritt stehen – begleitet von dem vagen Gefühl, dass es so nicht weitergehen kann und sich jetzt etwas ändern muss. Dahinter kann eine vorübergehende, bewusste oder unbewusste Lebenskrise stecken oder auch nur die verstärkte Suche nach Sinn, Werten und Inhalten. Und je stärker wir suchen, je intensiver wir uns um Durchblick bemühen, desto leichter übersehen wir, dass die Anworten eigentlich ganz nahe liegen – nämlich in uns selbst! Aber wenn wir sie dort, in den Tiefen unseres Seins, finden wollen, brauchen wir einen starken Willen, Geduld und vor allem Mut. Weil uns das, was uns auf der Reise zum eigenen Ich begegnet, nicht immer gefällt. Weil das dort Entdeckte manchmal unbequem ist und sich nicht zwangsläufig mit unserem bisherigen Selbstbild deckt ...

Trotzdem ist es wichtig, hin und wieder zu überprüfen, ob das Bild, das ich von mir selbst habe, mit dem übereinstimmt, was andere in mir sehen. Denn eine starke Diskrepanz zwischen Selbst- und Fremdbild produziert Missverständnisse. Wenn ich hingegen weiß, welche Vorstellungen ich in den Köpfen meiner Mitmenschen erzeuge oder welche Gedanken und Reaktionen ich vielleicht auch bei Männern auslöse, kann ich mein Handeln gezielter steuern, eingefahrene Muster durchbrechen und künftigen Enttäuschungen vorbeugen.

Dieses Buch hilft Ihnen, mögliche Verhaltensstereotype zu erkennen, eventuelle Neigungen zu orten, persönlichen Stärken und Schwächen auf den Grund zu gehen und Sie mit diesem Wissen für verschiedene Lebenslagen zu wappnen. Die folgenden Psychotests können Ihnen Denkanstöße und Impulse geben

– die Antworten auf Ihre Fragen finden Sie jedoch nur bei sich selbst!

Wie tief die jeweiligen Einblicke sind und ob Sie neue Seiten an sich entdecken können, hängt vor allem davon ab, wie ehrlich Sie die Fragen beantworten. Dass jeder Test stets eine subjektive Sicht der Dinge widerspiegelt, nämlich Ihre eigene, steht außer Frage – sonst müsste ein Außenstehender die Tests für Sie machen. Aber auch das wäre wieder eine subjektive Betrachtungsweise. Wirkliche Objektivität gibt es nicht, keine Wahrheit ist absolut. Deshalb erhebt dieses Buch keinen wissenschaftlichen Anspruch, sondern hinterfragt scheinbare Fakten. Denn auch subjektive Erfahrungen können spannende Erkenntnisse liefern, weil fast alles im Leben letztlich eine Frage der Perspektive ist, weil sich viele Dinge mit einem gewissen Abstand ganz von selbst relativieren.

Selbstverständlich lassen sich Menschen nicht in Typen einteilen, aber jeder Mensch neigt zu einer gewissen Typologie, zeigt Facetten einer bestimmten Persönlichkeit. Das heißt, es gibt ausgeprägte psychologische Profile, in denen sich mehrere Menschen wieder erkennen.

Wenn Sie also alle auf Sie zutreffenden Fragen ausgewählt bzw. angekreuzt und die entsprechenden Punktzahlen gemäß der Testtabelle zusammengezählt haben, sollten Sie sich an dem Typ orientieren, welcher der gesamten Punktzahl entspricht.

Bedenken Sie jedoch: Es gibt keine reinen Typen, so wie es keine eindimensionalen Persönlichkeiten gibt – jeder Mensch ist durch die unterschiedlichsten Einflüsse und Eigenschaften stets einzigartig! Das jeweilige Testergebnis spiegelt lediglich Neigungen Ihrer Persönlichkeit wider. Deshalb werden Sie mitunter auch bei der nächsthöheren bzw. -niedrigeren Punktzahl passende Aussagen finden. Vor allem, wenn die Punktezuordnung relativ knapp ausfällt – also nur sechs bis neun Punkte zwischen dem auf Sie zutreffenden und einem anderen Typ liegen –, sollten Sie die Auflösungen zu beiden Testergebnissen lesen.

Sie werden dabei auf Seiten Ihrer Persönlichkeit stoßen, von denen Sie bisher noch gar nichts wussten. Sie werden feststellen, ob Ihre Welt momentan im Gleichgewicht ist, und konkrete Tipps erhalten, wie Sie Ihre Partnerschaft stabilisieren, Ihrem Körper (mehr) Gutes gönnen, Männer (noch) besser einordnen können. Sie werden aufmerksamer gegenüber sich selbst sein und sensibler mit sich umgehen. Vergessen Sie aber nicht: Die folgenden Psychotests können Ihnen zwar in mancherlei Hinsicht die Augen öffnen, aber sehen müssen Sie selbst!

Liebe und Partnerschaft

Was für ein Beziehungstyp sind Sie?

Wer ist schon auf Dauer gerne allein? Jeder Mensch braucht ein gewisses Maß an Geborgenheit, Zuneigung und Wärme. Aber nicht jeder kann sich vorstellen, bis in alle Ewigkeit einen einzigen Menschen zu lieben, fast jede freie Minute mit ihm zu verbringen, ständig für ihn da zu sein, nur ihn zu begehren – und dabei nichts zu vermissen ... Während manche lieber solo durchs Leben gehen oder den Partner stets auf Sicherheitsabstand halten, setzen andere mit aller Kraft auf dauerhaftes Liebesglück, klammern sich fest an der trauten Zweisamkeit. Nähe oder Distanz, Intimität oder Privatsphäre – nicht jeder setzt in einer Partnerschaft dieselben Prioritäten. Der jeweilige Bindungsstil bestimmt, wie nah wir den Partner an uns heranlassen. Dieser Test verrät Ihnen, zu welcher Beziehungsform Sie tendieren: Nur wenn Sie sich Ihres Bindungsstils bewusst sind, können Sie mögliche Ursachen erkennen, die in der Vergangenheit zu Problemen, Missverständnissen und Enttäuschungen geführt haben könnten. Denn oft handeln wir immer wieder nach demselben Muster – bis wir unsere Fehler irgendwann einsehen und schließlich unser Verhalten ändern.

1. *Am Ende eines aufregenden Abends landen Sie mit einem Mann, den Sie erst vor ein paar Stunden kennen gelernt haben, in Ihrem Bett. Welcher Gedanke kommt Ihnen beim Aufwachen am nächsten Morgen als Erstes in den Sinn?*
a) «Was für eine schöne Nacht!»
b) «Oh Gott, wer ist der Typ neben mir?»
c) «Und was mache ich jetzt zum Frühstück?»

2. *Stellen Sie sich vor, aus diesem One-Night-Stand hat sich eine halbwegs feste Beziehung entwickelt. Nach sechs Wochen «parkt» er seine*

Zahnbürste in Ihrem Badezimmer, und nach zwei Monaten platziert er sein Lieblingsmüsli in Ihrer Küche. Wie fühlen Sie sich dabei?

a) Überrumpelt. Das geht mir einen Tick zu schnell und eine Spur zu weit

b) Wunderbar. Das zeigt, dass ich für ihn scheinbar mehr bin als nur eine heiße Affäre

c) Verwirrt: Einerseits freue ich mich; andererseits denke ich, er hätte mich ja vorher fragen können ...

3. *Und wie reagieren Sie, wenn er Ihnen nach drei Monaten unbedingt seine Eltern vorstellen möchte?*

a) Ich werde leicht nervös und bitte ihn, mir erst mal alles Wichtige über seine Familie zu erzählen

b) Ich freue mich – und weiß jetzt definitiv: Er meint es ernst mit uns!

c) Mir wird äußerst unwohl, vermutlich denkt er bereits ans Heiraten ...

4. *Wie viele der folgenden Aussagen treffen auf Sie zu?*

- ☐ Ich setze alles daran, die von mir gesteckten Ziele auch wirklich zu erreichen.
- ☐ Lieber bleibe ich zu Hause, als mit langweiligen Leuten meine Zeit totzuschlagen.
- ☐ Vor allem abends brauche ich meine persönlichen Freiräume und Rückzugsmöglichkeiten.
- ☐ Nur wenn ich allein bin, kann ich mich richtig erholen und meine Energien wieder auftanken.
- ☐ Ich mache selten etwas, von dem ich nicht hundertprozentig überzeugt bin ...

a) Höchstens eine

b) Zwei bis drei

c) Vier bis fünf

5. *Vervollständigen Sie bitte diesen Satz: Wochenendbeziehungen sind ...*
a) ... unbefriedigend und nur für kurze Zeit akzeptabel, weil sie langfristig frustrieren.
b) ... prickelnd: Sie bringen Schwung, Abwechslung und Leidenschaft in eine Partnerschaft.
c) ... ein absoluter Härtetest für jede Liebe: Wer ihn besteht, dem winkt dauerhaftes Glück!

6. *Waren Sie schon mal mit einem Mann länger als ein Jahr fest liiert?*
a) Nein
b) Ja
c) Sogar schon mit mehreren

7. *Eine Party mit lauter Pärchen. Amüsieren Sie sich?*
a) Schon, wenn ich selbst auch in Begleitung da bin
b) Das hängt ganz vom Temperament der anwesenden Gäste ab
c) Nur mit reichlich Alkohol – es gibt nichts Langweiligeres als ein Haufen Liebespaare

8. *Sie wollen sich mit Ihrer besten Freundin eine Woche «Frauenurlaub» auf Ibiza gönnen. Eine Kollegin, die sich bestens auf den Balearen auskennt, empfiehlt Ihnen einen Club «in einmaliger Lage, mit super Service, tollem Essen und breitem Sportangebot». Außerdem sei die Anlage «ausgesprochen familienfreundlich». Könnte dieser Club für Sie infrage kommen?*
a) Wegen der sicherlich vielen Kinder dort nicht gerade in der Hauptsaison, aber ansonsten schon
b) Warum nicht, hört sich doch alles ganz gut an – wenn jetzt auch noch der Preis stimmt ...
c) Nein, dort wären meine Freundin und ich wahrscheinlich die zwei einzigen Alleinreisenden

9. *Sie haben sich schon lange auf einen speziellen Konzertabend mit Ihrem Partner gefreut. Doch drei Tage vor dieser Veranstaltung zieht sich Ihr Liebster eine schmerzhafte Mittelohrentzündung zu. Was wird nun aus dem Konzert?*

a) Ich verschenke die Karten an gute Freunde oder besonders liebe Kollegen

b) Ich ermutige meinen Schatz, trotzdem mitzukommen, und besorge ihm aus der Apotheke Ohrenstöpsel

c) Ich gehe schweren Herzens ohne ihn, nehme eventuell eine Freundin mit, aber komme danach sofort nach Hause

10. *Welche Defizite in einer Partnerschaft können Ihrer Meinung nach am ehesten zu einer ernsthaften Beziehungskrise führen?*

a) Eintönigkeit und Intoleranz

b) Misstrauen und die Unfähigkeit, ernsthaft miteinander zu kommunizieren

c) Mangelnde Kompromissbereitschaft und zu wenige gemeinsame Interessen

11. *Eine neue Arbeitskollegin hat bisher – außer zu Ihnen – kaum Kontakt zu anderen Mitarbeitern gefunden und «hängt» sich nun in jeder Kaffeepause und beim Mittagessen an Sie. Wie gehen Sie damit um?*

a) Ich halte sie ein wenig auf Distanz, indem ich mich mittags auch mal mit anderen verabrede – ohne sie

b) Das ist mir zu viel. Ich versuche ihr künftig aus dem Weg zu gehen, bis sie es endlich selbst merkt

c) Verständnisvoll, schließlich sucht jeder Anschluss, wenn er irgendwo neu ist. Das entspannt sich mit der Zeit ganz von selbst

12. *Cybersex: Könnten Sie sich vorstellen, mit einem Wildfremden via Internet erotische Phantasien auszutauschen?*

a) Ja, weil man sich anonym mehr traut, als man im realen Leben tatsächlich wagen würde

b) Nein, sexuelle Phantasien sind etwas sehr Intimes, das auf gegenseitigem Vertrauen basiert!
c) Schon – allerdings stelle ich mir das eher frustrierend vor, weil es bei der bloßen Phantasie bleibt

13. *Angenommen, Sie sind Ihrem Internet-Flirt ins Netz gegangen und haben sich regelrecht verliebt. Wie würde es mit Ihnen weitergehen?*
a) Ich spinne unsere Online-Affäre in Gedanken weiter, denke zum Beispiel über eine «Cyber-Verlobung» nach
b) Irgendwann würden wir uns wohl mal offline verabreden – uns also leibhaftig kennen lernen
c) Keine Ahnung. Wie kann man sich in jemanden verlieben, den man noch nie gesehen hat?

14. *Sie laden ein paar Bekannte aus Ihrem Aerobic-Kurs zu sich nach Hause ein. Ihr Partner unterhält sich auffallend angeregt mit einer attraktiven Single-Frau. Greifen Sie in das Gespräch ein?*
a) Erst mal nicht – dann würde ich mir selbst ja die Blöße geben. Ich tue vorerst so, als ob ich nichts merke
b) Ja. Ich mag nämlich keine Frauen, die sich an Männer ranmachen, die bereits in festen Händen sind
c) Nein, ich gönne ihm den «Spaß», ziehe ihn aber später mit Vergnügen damit auf

15. *Eine Freundin klagt seit Monaten über gravierende Probleme in ihrer Partnerschaft. Was raten Sie ihr?*
a) Zu einer Paarberatung zu gehen und die Probleme endlich zu bewältigen
b) Sich einen neuen Partner zu suchen und nicht länger ihre Energie an einen hoffnungslosen Fall zu verschwenden
c) Ihm in einer gründlichen Aussprache eine letzte Chance zu geben, ein Limit zu setzen – und dann konsequent zu bleiben

16. *Sie haben seit einer Woche keinen einzigen Abend gemeinsam mit Ihrem Partner verbracht, weil er ständig etwas vorhatte. Machen Sie ihm deshalb Vorwürfe?*

a) Warum? Ich finde es völlig okay, wenn man sich mal sieben Tage lang nicht sieht

b) Das kommt darauf an, was ihn so eingespannt hat – für zwingende Termine habe ich Verständnis

c) Insgeheim ja. Ich möchte genau wissen, wer oder was ihm offensichtlich so viel wichtiger ist als ich

Testauswertung

	a	b	c	
Frage 1	3	0	6	Punkte
Frage 2	0	6	3	
Frage 3	3	6	0	
Frage 4	6	3	0	
Frage 5	6	0	3	
Frage 6	0	6	3	
Frage 7	6	3	0	
Frage 8	3	6	0	
Frage 9	6	0	3	
Frage 10	0	3	6	
Frage 11	3	0	6	
Frage 12	0	6	3	
Frage 13	6	0	3	
Frage 14	3	6	0	
Frage 15	6	0	3	
Frage 16	0	3	6	

0 bis 27 Punkte
Sobald Ihnen eine Beziehung zu eng wird, ergreifen Sie die Flucht

Wer an Ihrer Seite glücklich werden will, muss sehr viel Toleranz aufbringen. Denn im Prinzip genügen Sie sich selbst und brauchen keinen anderen Menschen, um erfolgreich durchs Leben zu gehen. Ihr Einzelkämpfer-Dasein bringt in Ihren Augen überwiegend Vorteile mit sich: Sie brauchen keine «scheinheiligen» Kompromisse zu schließen und keine falsche Rücksicht zu üben. Trotzdem spüren Sie manchmal eine gewisse Leere. Insgeheim sehnen nämlich auch Sie sich nach Zuneigung und Zweisamkeit. Doch Ihr Herz ist gut gesichert. Gefühle zu zeigen wäre Ihnen äußerst unangenehm. Dann würden Sie nämlich zu viel von sich preisgeben, und das wollen Sie auf keinen Fall. Ihr Innenleben schützen Sie mit einem dicken Panzer, den Sie vermutlich schon früh angelegt haben – vielleicht gab es Ereignisse in Ihrem bisherigen Leben, die mit dazu beigetragen haben?

Sie wünschen sich eine Beziehung, suchen Liebe und Geborgenheit, wollen aber auf keinen Fall von jemandem abhängig sein. Sie knüpfen zwar immer wieder zarte Bande, aber sobald von Zusammenziehen oder – «schlimmer noch» – Heiraten und Kinderwunsch die Rede ist, geraten Sie regelrecht in Panik. Ihre Angst vor einer allzu festen Bindung führt zu Misstrauen und Skepsis gegenüber Ihrem Partner, den Sie vermutlich stets auf Distanz halten. Damit verhindern Sie jede Form von Nähe und Gemeinsamkeit. Falls Ihr Partner Ihre ausgeprägte Freiheitsliebe nicht akzeptiert, wenn Sie sich von ihm bedrängt und in die Enge getrieben fühlen, ergreifen Sie die Flucht.

Haben Sie sich aber auch schon mal gefragt, wie es dem anderen dabei geht? Wenn Sie sich vor Verbindlichkeiten fürchten, sollten Sie versuchen, so fair zu sein und dem Menschen, der Ihnen mehr bedeutet als ein flüchtiges Abenteuer, von Anfang an mit Aufrichtigkeit zu begegnen. Sprechen Sie über Ihre Bindungsängste und über Ihr Problem, Gefühle zuzulassen und sich zu öffnen. Dann weiß Ihr Partner, was auf ihn zukommt, braucht sich nicht mit Selbstvorwürfen zu plagen und in seiner Ratlosigkeit auf die eigene Liebesunfähigkeit zu schließen. Und er bekommt die Möglichkeit, viel sensibler auf Ihre Bedürfnisse zu reagieren – damit können Sie die Gefahr bannen, immer wieder an den gleichen Problempunkten anzukommen und vermeintliche Grenzen ziehen zu müssen. Denn es ist viel leichter, sich selbst zu verändern, als von dem anderen Wesensänderung zu verlangen ...

30 bis 63 Punkte
Sie können ganz gut allein sein, genießen aber lieber Nähe und Zweisamkeit

Der Mensch, den Sie lieben, kann sich glücklich schätzen: Sie erfüllen die wichtigsten Voraussetzungen für eine entspannte und trotzdem tief gehende Beziehung: Sie sind stark im Team, aber auch im «Einzelkampf» geübt. Sie sehen sich und Ihren Partner als selbständige Individuen, die zwar auch ganz gut allein leben könnten, aber sich aus Liebe für eine gemeinsame Zukunft entschieden haben. Zweisamkeit ist für Sie eine bewusste Entscheidung für einen Menschen – ohne Anspruch auf Endgültigkeit. Die Aussicht auf eine dauerhaft enge Bindung erscheint Ihnen weder problematisch noch Angst einflößend. Sie sind bereit, Kompromisse einzugehen und die Freiräume des anderen zu respektieren. Dementsprechend erwarten Sie, dass Ihr Partner Ihnen denselben Respekt entgegenbringt. Eine Beziehung, in der Sie sich eingeengt, von Erwartungen und Forderungen unter Druck gesetzt fühlen, wäre auf Dauer zum Scheitern verurteilt. Sie wissen nämlich ganz genau, was Sie als Mensch und Partner wert sind, kennen Ihre eigenen Bedürfnisse und Grenzen.

Weil Sie mit sich selbst im Einklang leben, vermutlich noch keine allzu großen Enttäuschungen erlitten haben, gehen Sie unverkrampft auf andere zu und knüpfen leicht Kontakte. Ein Partner, der zur Eifersucht neigt, könnte diese Offenheit vielleicht missverstehen – reden Sie also rechtzeitig miteinander darüber. Ansonsten gibt es wenig, was Ihnen in einer festen Partnerschaft ernsthafte Schwierigkeiten bereiten könnte. Sie finden es völlig in Ordnung, wenn Ihr Liebster mal ein paar Tage ohne Sie verbringt; genießen es aber auch, die Zweisamkeit an einem gemeinsamen Kuschelwochenende zu zelebrieren. Sie können Nähe ertragen, aber auch vorübergehende Distanz akzeptieren – das macht das Zusammenleben mit Ihnen weitgehend unkompliziert. Selbstverständlich leiden auch Sie manchmal unter Ängsten, befürchten zum Beispiel, Ihren Partner irgendwann vielleicht an eine andere zu verlieren. Doch solche Gedanken lähmen Sie nicht, sondern motivieren Sie, sich noch ein bisschen stärker um Ihren Liebsten zu bemühen. Das Vertrauen in Ihren Partner ist stets größer als mögliche Bedenken. Sie wissen aber auch, dass das Leben nach dem Ende einer Beziehung weitergeht, denn Sie haben schon in der Vergangenheit bewiesen, dass Sie die Kraft haben, die Dinge selbst in die Hand zu nehmen. Eigentlich steht Ihrem Glück zu zweit also nichts im Wege ...

66 bis 96 Punkte
Lieben heißt Loslassen, Vertrauen schenken und sich selbst finden

Lieber solo oder im Duett? Für Sie ist das keine Frage. Sie wollen auf keinen Fall allein durchs Leben gehen. In einer glücklichen Zweierbeziehung sehen Sie die Erfüllung Ihrer Träume. Vermutlich sind Sie bereits liiert und setzen alles daran, dieses Glück zu (er-)halten. Sie neigen nämlich dazu, Ihren Partner mit Ihrer Liebe, Aufmerksamkeit und Zuwendung schier zu erdrücken. Tief in Ihrem Innern haust die Angst, eines Tages verlassen zu werden und dann ganz allein dazustehen. Um das zu verhindern, bleiben

Sie immer an der Seite Ihres Partners und vernachlässigen Ihre von der Beziehung losgelösten Interessen. Wo bleiben Ihre eigenen Wünsche und Bedürfnisse? Zweisamkeit heißt nicht, sich für den anderen aufzuopfern, sondern sich in einem Team gegenseitig – mit seinen individuellen Stärken und Schwächen – zu ergänzen. Verlieren Sie Ihre eigenen Interessen nicht aus den Augen und gestehen Sie sich und Ihrem Partner Freiräume zu. Lockern Sie Ihre Erwartungshaltung, denn nur dann bleibt man füreinander interessant und kann sich weiterentwickeln. Solange Sie von Ihrem Partner ständig die Erwiderung Ihrer Liebe fordern, von ihm Selbstbestätigung und Anerkennung erhoffen, setzen Sie nicht nur sich selbst unter Druck, sondern auch ihn. Das größte Liebesglück erfahren Menschen, die sich nicht im Partner widerspiegeln wollen, sondern den anderen lieben – ohne zu fragen, ob sie wiedergeliebt werden. Angstfreie Liebe bedeutet Vertrauen schenken und loslassen können. Misstrauisches Klammern hingegen kann beim Partner erst recht Fluchtgedanken auslösen.

Um Ihre Verlustangst dauerhaft zu bewältigen, sollten Sie Ihre quälenden Gefühle jedoch nicht länger unterdrücken, sondern deutlich aussprechen – vor allem Ihrem Partner gegenüber. Weil Sie Ihre Selbstzweifel durch betont selbstsicheres Auftreten geschickt überspielen, ahnt kaum jemand, wie es wirklich in Ihnen aussieht. Denn gegenüber Freunden, Bekannten und Kollegen geben Sie sich gerne selbstbewusst und aktiv. Nur die nagende Eifersucht bricht manchmal durch und verrät Ihr turbulentes Innenleben. Wenn Sie fürchten, dass jemand Ihr Zweierband zerreißen könnte, werden Sie plötzlich energisch und kämpfen mit allen Mitteln um Ihren Partner. Und er lässt Sie meist gewähren, denn er kennt ja Ihre sensiblen Seiten, weiß um Ihre Verletzlichkeit. Das aber garantiert nicht eine ungetrübte gemeinsame Zukunft! Um dieses Ziel zu erreichen, sollten Sie sich Ihren Ängsten stellen. Sich zu Ihrer Verwundbarkeit zu bekennen ist übrigens ein erster Schritt in die richtige Richtung.

Beherrschen Sie «die Spielregeln der Liebe»?

«Je weniger ich im Ganzen an unsere Zeit glauben kann ..., desto mehr glaube ich an die Magie der Liebe.» Mit diesen schönen Worten sprach und spricht Hermann Hesse sicherlich vielen Menschen aus der Seele. Aber Magie allein reicht nicht aus, um eine dauerhaft glückliche Beziehung zu führen. Eine erfüllte Partnerschaft basiert neben intensiven Gefühlen füreinander auf Respekt, Fairness und Ehrlichkeit. Die Art und Weise, wie mit Problemen umgegangen wird, folgt gewissen Regeln – die man kennen und beherrschen sollte. Eine gepflegte Streitkultur zum Beispiel kann keiner Beziehung schaden. Aber wann ist ein Streit konstruktiv, wann vernichtend? Wie kritisiere ich den anderen, ohne ihn zu verletzen? Kann ich das Verhalten meines Partners ändern, ohne gleichzeitig Gefahr zu laufen, ihn vielleicht zu verlieren? Wie kann ich meine Eifersucht bekämpfen und mir trotzdem seiner Liebe sicher sein? Und wie «funktioniert» Liebe ohne Besitzanspruch? Dieser Test kann Sie für ein harmonisches Zusammenspiel in Ihrer Partnerschaft sensibilisieren und Ihnen dabei helfen, Ihren Partner besser zu verstehen, mögliche Streitpunkte rechtzeitig zu erkennen und künftige Konflikte konstruktiv zu bewältigen.

1. *Freitagabend. Eine besonders anstrengende Arbeitswoche liegt hinter Ihnen. Jetzt freuen Sie sich nur noch auf ein ruhiges, gemütliches Wochenende zu zweit. Da klingelt das Telefon. Am Apparat: ein Jugendfreund Ihres Partners, den er seit Jahren nicht mehr gesehen hat, der ausgerechnet dieses Wochenende mit seiner Frau «ganz in der Nähe» ist und Sie beide deshalb besuchen will. Ihr Partner sagt spontan zu. Und was sagen Sie, als er den Hörer aufgelegt hat?*

a) «Konnte dir nicht irgendeine Ausrede einfallen? Ich hatte mich so auf unser Wochenende gefreut!»

b) «Das ist typisch, du denkst mal wieder nur an dich. Also mit mir kannst du nicht rechnen!»
c) «Tja, das war's wohl mit Gemütlichkeit ... Jetzt müssen wir eben das Beste daraus machen!»

2. *Viele Konflikte basieren auf mangelnder Kenntnis übereinander, Unverständnis füreinander – und gravierenden Unterschieden zwischeneinander. Vervollständigen Sie also diesen Satz: «Männer und Frauen ...*
a) ... sind sich manchmal ähnlicher, als man(n) denkt.»
b) ... sind oft grundverschieden – genau das macht den Reiz aus.»
c) ... passen nun mal nicht zusammen!»

3. *Ihr Partner kann einfach keine Ordnung halten. Überall liegt etwas von ihm herum – bis Sie es wegräumen. Um ihm seine Schlampigkeit abzugewöhnen, haben Sie sich vorgenommen, in Sachen Aufräumen ab sofort zu streiken. Doch nun kündigt sich kurzfristig seine Mutter an. Werden Sie sein Chaos ausnahmsweise noch einmal beseitigen?*
a) Nein, unter keinen Umständen! Seine Mutter soll ruhig mal sehen, was für einen Schlamper sie da großgezogen hat
b) Ja, ein letztes Mal. Die Unordnung wirft sonst nicht nur ein schlechtes Licht auf ihn, sondern leider auch auf mich
c) Nur wenn er tatkräftig mithilft – schließlich kommt seine Mutter, nicht meine, und bestimmt würde sie ihm die Leviten lesen!

4. *Welcher dieser Vorwürfe würde Ihren Partner am schnellsten «von 0 auf 180» bringen?*
a) «Für jeden nimmst du dir Zeit, nur nicht für mich!»
b) «Du könntest dich im Bett ruhig etwas mehr anstrengen!»
c) «Nur beim Grillen gibst du dir wirklich Mühe!»

5. *Verräterische Zeichen? Ihr Partner erhält in Ihrer Anwesenheit eine geheimnisvolle SMS, die er auf seinem Handy sofort wieder löscht. Als Sie ihn fragen, von wem die Nachricht stammt, antwortet er: «Von einem Kollegen.» Glauben Sie ihm?*

a) Warum nicht? Vermutlich ist der Kollege genauso Handy-hörig wie mein Partner
b) Vermutlich, allerdings will ich erst wissen, welcher Kollege ihm was genau mitteilen wollte
c) Nein. Weshalb sollte ihm ein Kollege eine SMS schicken, statt ihn direkt anzurufen?

6. *Ganz ehrlich: Würden Sie unter Umständen die Jacken- oder Hosentaschen Ihres Partners durchstöbern?*
a) Nur wenn ich einen triftigen Grund hätte, dort zum Beispiel etwas ganz Bestimmtes vermuten würde
b) Nein, auf gar keinen Fall. Ich würde ja auch nicht wollen, dass er meine Privatsphäre verletzt
c) Ja, wenn ich den konkreten Verdacht hätte, dass er mich mit einer anderen betrügt

7. *Morgens hat Ihr Partner noch versprochen, an diesem Abend gemeinsam mit Ihnen ins Kino zu gehen. Als er von der Arbeit kommt, fühlt er sich jedoch «zu erschlagen», um sein Versprechen einzuhalten. Erschöpft sinkt er auf dem Sofa nieder, schaltet den Fernseher ein, switcht durch die Kanäle – und stößt dabei «ganz zufällig» auf ein wichtiges Fußballspiel, das gerade angepfiffen wird. Wie verhalten Sie sich?*
a) Ich baue mich vor dem Fernseher auf und sage meinem Partner, dass ich mich von ihm nicht verladen lasse!
b) Ich frage ihn, ob er das mit dem Fußballspiel gewusst und seine Müdigkeit nur als Ausrede vorgeschoben hat
c) Ich zeige ihm die gelbe Karte, das heißt, ich gehe allein ins Kino – ohne Tschüs zu sagen!

8. *Sie erzählen Ihrem Partner leicht amüsiert und nicht ohne Stolz, dass sich der 18-jährige Betriebspraktikant offensichtlich bis über beide Ohren in Sie verliebt hat. Wie, glauben Sie, wird er darauf reagieren?*
a) Er wird sich betont gleichgültig geben und möglichst schnell das Thema wechseln

b) Er wird mir vermutlich eine Szene machen, aber er soll ruhig wissen, wie begehrt ich noch bin!
c) Er wird möglichst «beiläufig» nachhaken, wie lange das Praktikum noch dauert – und wie der Praktikant eigentlich aussieht

9. *Es ist passiert: Sie sind fremdgegangen – ein einmaliger Ausrutscher. Reumütig haben Sie Ihrem Partner diesen «Fehltritt» gestanden. Erst hat er getobt, dann gar nichts mehr gesagt und seitdem kein Wort mehr darüber verloren. Wie deuten Sie sein Verhalten?*
a) Irgendwann wird er explodieren oder sich hinterrücks an mir rächen
b) Ich habe ihn tief verletzt. Diesen Vertrauensbruch muss er erst verarbeiten
c) Er hat mir verziehen. Allerdings darf so etwas nie wieder passieren

10. *Bei einem gemeinsamen Abendessen mit Freunden beginnt Ihr Partner plötzlich, sich über Ihre permanente Unpünktlichkeit zu beklagen und darüber zu jammern, dass er wegen Ihnen ständig zu spät kommt. Ihre Reaktion?*
a) Ich ziehe seinen Vorwurf ins Lächerliche, indem ich ihm vorschlage, mir künftig eine Stoppuhr um den Hals zu hängen
b) Ich verrate im Gegenzug seine kleinen und großen Schwächen – schließlich ist auch er nicht unfehlbar
c) Ich lenke vom Thema ab, um einen Streit zu vermeiden, und stelle ihn später zu Hause unter vier Augen zur Rede

11. *Wie viele der folgenden Aussagen treffen auf Sie zu?*
☒ «Wenn ich mit meinem Partner ausgehe, registriere ich ganz genau, ob er anderen Frauen nachschaut.»
☐ «Ist mein Liebster schlecht drauf, beziehe ich das auch auf mich und unsere Beziehung.»
☒ «Lieber riskiere ich einen Streit, als meine eigene Meinung zu unterdrücken und klein beizugeben.»

☐ «Mir geht es nicht besonders gut, wenn mein Partner etwas allein unternimmt.»
☐ «Je heftiger ich mich mit meinem Partner streite, desto schöner ist die Versöhnung danach.»

a) Höchstens eine
b) Zwei bis drei
c) Vier bis fünf

12. *Stellen Sie sich vor: Ihr Partner hat seinem Chef gehörig die Meinung gesagt – und prompt eine Abmahnung kassiert. Sind Sie trotzdem stolz auf ihn?*

a) Unbedingt, jetzt geht es ihm sicher besser!
b) Nicht wirklich: Manchmal ist es ratsam, sich zurückzuhalten und seinen Ärger runterzuschlucken
c) Ja, weil er sich ein Herz gefasst hat – allerdings ist er dabei etwas über das Ziel hinausgeschossen

13. *Ihr Partner will sich einen Traum erfüllen: einen dreiwöchigen Abenteuerurlaub in Kanada. Zusammen mit seinem besten Freund hat er bereits konkrete Pläne geschmiedet, ohne vorher mit Ihnen darüber gesprochen zu haben. Wie reagieren Sie, als er Sie schließlich vor vollendete Tatsachen stellt?*

a) Ich bin enttäuscht, dass er mich so übergangen hat – und das sage ich ihm auch
b) Ich drohe ihm, mich für vier Wochen nach Jamaika abzusetzen – allein mit meiner besten Freundin
c) Ich muss das erst mal verarbeiten; einerseits verstehe ich ihn, andererseits fühle ich mich gekränkt

14. *Ihre Eltern beginnen sich in Ihrer Gegenwart heftig zu streiten – wegen irgendeiner Nichtigkeit. Wie gehen Sie damit um?*

a) Ich spiele den Schiedsrichter, ergreife – wenn nötig – Partei
b) Ich ziehe mich diskret zurück und lasse das die beiden allein austragen

c) Ich sage meinen Eltern entschieden, dass ich gehe – wenn sie nicht sofort damit aufhören

15. *Imagewechsel: Ihr Partner legt sich auf einmal einen neuen Haarschnitt samt neuem Outfit zu, beginnt eine neue Sportart, kauft sich eine sündhaft teure Gesichtscreme und einen exklusiven Männerduft. Sein seltsames Verhalten verblüfft Sie total. Als Sie ihn damit aufziehen, blockt er ab und reagiert beleidigt. Sprechen Sie ihn nun noch einmal ernsthaft darauf an?*
a) Lieber nicht; alles deutet darauf hin, dass er gerade in einer Midlife-Crisis steckt – aber das gibt sich wieder ...
b) Ja. Ich frage ihn ganz vorsichtig in einer schwachen Minute, ob es da etwas gibt, über das er mit mir reden möchte
c) Und ob! Denn bestimmt steckt da eine andere Frau dahinter, für die er jetzt den jugendlichen Draufgänger mimt

Testauswertung

	a	b	c	
Frage 1	3	6	0	Punkte
Frage 2	0	3	6	
Frage 3	6	0	3	
Frage 4	3	6	0	
Frage 5	0	3	6	
Frage 6	3	0	6	
Frage 7	6	3	0	
Frage 8	0	6	3	
Frage 9	6	3	0	
Frage 10	3	6	0	
Frage 11	0	3	6	
Frage 12	6	0	3	
Frage 13	3	6	0	
Frage 14	6	0	3	
Frage 15	0	3	6	

0 bis 30 Punkte
Harmonie um jeden Preis – um Streit zu vermeiden, unterdrücken Sie Konflikte

Sie glauben, dass Konflikte in einer Beziehung generell etwas Zerstörerisches haben und dass man Ärger in einer Partnerschaft möglichst vermeiden sollte. Deshalb schlucken Sie lieber stillschweigend alles herunter, was Sie irgendwie an Ihrem Partner stört, verdrängen ernsthafte Probleme und unterdrücken Ihre eigene Meinung – selbst wenn Sie sich eigentlich im Recht wähnen. Mit dieser Defensivhaltung kommen Sie Ihrem Partner vermutlich sogar entgegen, denn die meisten Männer neigen zur Bequemlichkeit, gehen Konflikten möglichst aus dem Weg. Tatsächlich ist Streit unbequem, mehr noch: Er raubt Energie, zehrt an den Kräften und Nerven.

Trotzdem sind Konflikte in jeder ausgeglichenen Partnerschaft unvermeidbar. Denn wer ständig alles in sich hineinfrisst, wird eines Tages vor lauter angesammeltem «Seelenballast» förmlich platzen – oder total frustriert sein. Weil aufgeschoben nicht aufgehoben ist und unbewältigte Konflikte irgendwann mit voller Wucht zurückschlagen. Setzen Sie sich also lieber rechtzeitig mit möglichen Beziehungsproblemen auseinander. Keine Beziehung ist frei von Reibungspunkten. Ihr ausgeprägtes Harmoniebedürfnis ist zwar nachvollziehbar, aber weder gesund für Ihr Innenleben noch für Ihre Partnerschaft. Stellen Sie sich Ihrer lähmenden Angst vor Trennung und Verlust: Konfliktvermeidung wird Sie nicht davor bewahren, Ihren Partner möglicherweise doch irgendwann an eine andere zu verlieren. Die absolute Sicherheit gibt es nun mal nicht, in keinem Lebensbereich. Der beste Weg, um Ihre Beziehung zu festigen und Sie damit gegen künftige Krisen zu wappnen, heißt: Richtig streiten lernen! Beim mittleren Testergebnis (33 bis 63 Punkte) finden Sie konkrete Strategien! Bevor Sie diese Taktiken trainieren, sollten Sie sich jedoch ganz fest vornehmen, die nächste Unstimmigkeit nicht zu ignorieren, sondern offen anzusprechen. Lernen Sie, auch mal nein zu sagen und Ihren Standpunkt klar zu vertreten. Stabile Beziehungen zerbrechen nicht an Differenzen, sondern wachsen daran. Dann rückt auch Ihr Wunschbild von einem harmonischen Miteinander in greifbare Nähe, und Sie können optimistisch in eine glückliche Beziehungszukunft blicken!

33 bis 63 Punkte: Konstruktiv streiten will gelernt sein – «trainieren» Sie die richtigen Strategien

Sie haben keine Angst vor Konflikten, stellen sich Ihren Problemen und haben den Mut, sich – falls erforderlich – auch mal kräftig mit Ihrem Partner zu streiten. Damit steht einer positiven Entwicklung Ihrer Beziehung eigentlich nichts im Wege. Theoretisch ist Ihnen klar, wie eine konstruktive Streitkultur auszusehen hat, doch an der praktischen Umsetzung hapert es manchmal in Ihrer Beziehung. Vor allem, wenn es darum geht, den richtigen Ton zu treffen, Ihre unterschiedlichen Meinungen auf den Punkt zu bringen und die Auseinandersetzung zu einem Konsens zu führen. Aber genau das lässt sich lernen! Hier fünf bewährte Strategien für konstruktives Streiten:

1. Nicht verallgemeinern! Klären Sie den konkreten Fall, statt vom eigentlichen Streitpunkt abzuschweifen. Denn wenn Sie vom Einzelfall ins Grundsätzliche gehen, riskieren Sie, dass Ihr Partner in die Gegenoffensive geht, weil er keinen Spielraum mehr hat. Vermeiden Sie also Wörter wie «nie», «immer», «jedes Mal» und «dauernd».

2. Vermeiden Sie Schuldzuweisungen! Schieben Sie bei einem Streit nicht das Wort «du» vor, wenn Sie von sich selbst sprechen. Die «Du»-Sprache drückt Ärger, Wut und Abwertung aus. Mit dieser Wortwahl wird der andere mit Schuldzuweisungen und Vorwürfen attackiert – und reagiert entsprechend sauer. Reden Sie

also ganz bewusst in der «Ich»-Sprache. Beschreiben Sie aus Ihrer Perspektive, wie das störende Verhalten Ihres Partners auf Sie wirkt, fassen Sie Ihre Gefühle, Wünsche und Bedürfnisse in möglichst klare Worte.

3. Erteilen Sie keine ungebetenen Ratschläge! Signalisieren Sie die Bereitschaft, Ihrem Partner mit Interesse zuzuhören, bei seinen Problemen mitzufühlen und ihn wirklich verstehen zu wollen statt besserwisserische Weisheiten von sich zu geben.

4. Vergleichen Sie Ihren Partner nicht mit anderen! Wenn Sie auf Dritte zeigen, um Ihre Unzufriedenheit mit einer Situation auszudrücken oder um eigene Wünsche deutlich zu machen, verletzen Sie möglicherweise Ihren Partner und verhärten die Fronten. Denn bei einem Angriff blockt der «Gegner» entweder ab – oder schießt zurück. Fragen Sie Ihren Partner stattdessen, ob er sich auch einen anderen Umgang mit der Situation vorstellen kann. Nehmen Sie ihn diplomatisch in seine Pflicht, indem Sie nach einer gemeinsamen Lösung suchen.

5. Entschuldigen Sie sich, wenn Sie im Unrecht sind! Eine Entschuldigung signalisiert Kompromissbereitschaft und den Willen zur Problemlösung. Wer sich entschuldigt, zeigt Stärke und nimmt seinem «Kontrahenten» den Wind aus den Segeln.

Bei alldem sollten Sie sich aber außerdem über zwei Dinge im Klaren sein: Erstens, die Stabilität einer Beziehung hängt auch von externen Einflüssen ab. So können äußere Belastungen wie beruflicher Stress, finanzielle Sorgen oder familiäre Probleme eine Beziehung trotz gepflegter Streitkultur kräftig ins Schwanken bringen. Dagegen hilft nur, diese Einflüsse nach Möglichkeit nicht zu stark werden zu lassen und sich immer wieder um den anderen zu bemühen.

Und bedenken Sie zweitens (trotz aller Strategien), Männer streiten anders als Frauen! Während die meisten Frauen aufgrund ihres größeren Harmoniebedürfnisses zu einer eher subtilen (Streit-)Taktik neigen oder eine Auseinandersetzung auf vorwiegend emotionaler Ebene führen, gehen viele Männer einem Konflikt entweder aus dem Weg oder direkt in die Offensive – nach dem Motto: Angriff ist die beste Verteidigung. Achten Sie also darauf, Ihren Partner bei einem Streit nicht in die Enge zu drängen, sonst wird er einfach nur «den Spieß umdrehen».

Doch eine Liebesbeziehung ist kein Boxkampf. In einer ausgeglichenen Partnerschaft kann es keinen Gewinner und keinen Verlierer geben: Sobald einer verliert, verliert die Beziehung.

Die wichtigste Spielregel in einer glücklichen Partnerschaft lautet deshalb: Den anderen als eigenständige Persönlichkeit respektieren, ihn als gleichberechtigten Partner achten und als Mensch wertschätzen – kurzum, ihn so zu lieben, wie er ist.

66 bis 90 Punkte
Jede Auseinandersetzung hinterlässt Wunden – gehen Sie mit Ihrem Partner respektvoll um!

Streiten heißt für Sie, sich gegenseitig zu bekriegen – und dabei ist Ihnen jedes Mittel recht. Folglich fliegen in Ihrer Partnerschaft fast täglich die Fetzen, geht Ihr Liebesbarometer ständig auf und ab. Ihre Beziehung ist extrem und explosiv. Ganz schön aufreibend! Bestimmt wundert sich Ihre Umwelt, wie Sie es überhaupt miteinander aushalten können. Schließlich scheuen Sie sich auch nicht, Ihre Konflikte ungebremst vor den Augen Ihrer Mitmenschen auszutragen. Ihnen selbst kommt Ihre Beziehung wahrscheinlich spannend und einzigartig vor. Vermutlich genießen Sie insgeheim jede Auseinandersetzung mit Ihrem Liebsten, weil die Versöhnung danach entsprechend leidenschaftlich ausfällt. Tief in Ihrem Herzen empfinden Sie durchaus zärtliche Zuneigung für Ihren Partner, nach außen hin schlagen sich diese sanften Empfindungen jedoch in einer Art Hassliebe nieder. Doch braucht Ihre Beziehung wirklich solche regelmäßigen «Kicks», um lebendig zu bleiben?

Bedenken Sie, dass dauerhafte Differenzen nicht Adrenalin,

sondern Gift für die Liebe sind. Aggression löst Gegenaggression aus, wobei jede Auseinandersetzung auf beiden Seiten unsichtbare Wunden hinterlässt. Niemand steckt Verletzungen so einfach weg, jeder Konflikt schadet auch dem gegenseitigen Vertrauensverhältnis. Kein Wunder also, dass sich der größte Streitpunkt in Ihrer Beziehung vermutlich stets um ein Thema dreht: Eifersucht. Denn starke Eifersucht basiert auf fehlendem Vertrauen und mangelndem Selbstwertgefühl. Indem Sie Ihren Partner ständig kontrollieren, glauben Sie ihn besitzen zu können. Doch Sie können weder Ihre Liebe mit aller Kraft festhalten noch Ihren Partner mit Gewalt an sich binden. Statt mit Ihrem Partner Differenzen regelrecht auszufechten, sollten Sie lernen, Ihre Probleme produktiv anzupacken und langfristig zu bewältigen: Fassen Sie Ihre Gefühle in die richtigen Worte und trainieren Sie, konstruktiv zu streiten. Gehen Sie behutsam mit Ihrem Partner um, verletzen Sie ihn nicht vorsätzlich, hören Sie ihm interessiert zu und akzeptieren Sie seine Argumente. Das Ziel ist, Ihre Konflikte nicht kurzfristig, sondern dauerhaft zu lösen, denn nur so erhält Ihre Beziehung auf lange Sicht die notwendige Stabilität – und damit eine realistische Zukunftsperspektive.

Halten Sie sich an die wichtigsten Regeln in der Liebe: Machen Sie den anderen nicht klein, nur um selbst besser dazustehen. Betrachten Sie den Menschen, den Sie lieben, als gleichberechtigten Partner. Und seien Sie ehrlich zu sich selbst! Das heißt, täuschen Sie nicht über eigene Fehler hinweg, indem Sie Ihre Versehen dem anderen zuschieben. Stehen Sie zu Ihren Gefühlen, aber verwenden Sie negative Emotionen nicht als Waffe gegen Ihren Partner. Mit Ehrlichkeit, Respekt und Offenheit können Sie eine Atmosphäre schaffen, in der sich Ihre Beziehung auch ohne anhaltende Auseinandersetzungen lebhaft entfalten kann.

Sind Sie glücklich in Ihrer Partnerschaft?

Kleine Krisen gibt's in jeder Partnerschaft. Wenn man nach der ersten rasanten Verliebtheit allmählich auf den Boden der Realität zurückkehrt und die Macken des anderen sichtbar werden, stellt sich heraus, ob die leidenschaftliche Verbindung nur eine spannende Begegnung war – oder ob sich eine feste Beziehung anbahnt. Doch selbst wenn es sich um die ganz große Liebe handelt, kehrt nach dem anfänglichen Hoch bald der unvermeidbare Alltag ein, erste Tiefs kündigen sich an, und irgendwann kracht's dann in jeder noch so glücklichen Beziehung. Weil Menschen Individuen sind mit eigenem Willen, eigenen Interessen und eigener Persönlichkeit. Dann heißt es Frust abbauen, Kompromisse schließen und auf die Bedürfnisse des anderen eingehen, ohne die eigenen Wünsche dabei aus den Augen zu verlieren.

Dieser Test kann Ihnen helfen, die häufigsten Hindernisse auf dem Weg zu einer erfolgreichen Partnerschaft rechtzeitig zu orten. Mit den folgenden Fragen finden Sie heraus, ob Sie in einer lebendigen und guten Partnerschaft leben, ob Sie dem dauerhaften Glück zu zweit vielleicht noch ein bisschen nachhelfen sollten oder ob sich in Ihrer Beziehung ernsthaft etwas verändern muss ...

1. *Ein lautstarker Streit mit Ihrem Partner. Er beharrt trotzig auf seiner Meinung – und wirft Ihnen schließlich vor, «ganz schön stur» zu sein. Wie geht's weiter?*

a) Ich breche die Diskussion ab – alles Weitere hätte jetzt sowieso keinen Sinn

b) Ich explodiere. Ausgerechnet er wirft mir Sturheit vor ...

c) Ich hole tief Luft und überdenke noch mal seine Argumente – und meine

2. *Was schätzen Sie an Ihrem Partner am meisten?*

a) Dass er mich immer wieder zum Lachen bringt
b) Dass ich mich im Ernstfall absolut auf ihn verlassen kann
c) Dass er mich so gut kennt wie kein anderer Mensch

3. *Wie verhält sich Ihr Partner Ihnen gegenüber bei Gesprächen mit anderen Leuten?*
a) Meistens lässt er mich reden und gibt dann und wann einen passenden Kommentar ab
b) Er ist rhetorisch sehr sicher und fällt mir manchmal ins Wort, wenn ich nicht schnell genug bin
c) Er akzeptiert mich als gleichberechtigten Partner und bezieht mich in die Unterhaltung mit ein

4. *Und wie spricht er über (!) Sie?*
a) Er reißt auch schon mal einen Witz auf meine Kosten
b) Vor anderen Leuten würde er mich nie auflaufen lassen
c) Kommt darauf an, worum es im Gespräch geht

5. *Welches Verhältnis haben Sie zu seinen Eltern?*
a) Eigentlich gar keins – wir haben kaum Kontakt zueinander/wir gehen uns lieber aus dem Weg
b) Ich respektiere sie als seine Familie – mit all ihren liebenswerten bis nervigen Macken
c) Ein herzliches, wir sehen uns oft und gerne

6. *Wie sehen die Zärtlichkeiten aus, die Sie miteinander austauschen?*
a) Wir umarmen uns oft ganz spontan
b) Regelmäßige Küsschen und liebevolle Worte
c) Unsere Zärtlichkeiten enden meist im Bett

7. *Ganz ehrlich: Ist der Sex zwischen Ihnen noch genauso gut wie am Anfang Ihrer Beziehung?*
a) Eigentlich ist er noch besser, weil wir jetzt genau wissen, was der andere mag

b) Die Spontaneität ist gewissen Liebesritualen gewichen
c) Nicht mehr ganz so wild, aber trotzdem noch sehr schön

8. *Wie genießen Sie Sex, Lust und Leidenschaft?*
a) Indem ich mich fallen lasse und alles um mich herum vergesse
b) Indem ich mich ganz auf mich und meinen Partner konzentriere
c) Indem ich meine Fantasien auslebe und neue Spielarten entwickele

9. *Wie wäre Ihre Reaktion, wenn Ihr Partner Ihnen einen «kleinen einmaligen Seitensprung» gestehen würde?*
a) Kurz und konsequent: Ich würde unsere Beziehung sofort beenden!
b) Hängt von den Umständen ab – eventuell würde ich ihm eine zweite Chance geben
c) In einer intakten Beziehung kommt es erst gar nicht so weit

10. *Denken Sie manchmal darüber nach, in Ihrem Leben etwas völlig Neues zu beginnen?*
a) Ich würde gerne mal wieder etwas in meinem Leben verändern, aber leider fehlen mir die nötige Kraft und Ausdauer für diesen Schritt
b) Hin und wieder denke ich daran, etwas richtig Aufregendes oder Kreatives zu machen
c) Etwa einmal im Monat nehme ich mir eine große Veränderung vor, die dann meist in einer kleinen endet – wie der Besuch beim Friseur

11. *Haben Sie in Ihrer Beziehung genug Zeit für sich selbst?*
a) Schon – meinem Partner ist es relativ egal, was ich in meiner Freizeit mache
b) Wir haben genug Zeit für uns, und das ist entscheidend
c) Ja, ich treffe mich zum Beispiel regelmäßig mit Freunden

12. *Wie gut können Sie mit Ihrem Partner über Probleme reden?*
a) Wir haben in dieser Hinsicht dieselbe Einstellung: Probleme sind dazu da, gelöst zu werden
b) Unsere Problemlösungen führen entweder zum Streit oder in die Endlosschleife, weil wir immer bei denselben Themen landen
c) «Lass uns ein anderes Mal darüber sprechen ...» ist seine Standardantwort auf Probleme

13. *Gab oder gibt es in Ihrer Partnerschaft konkrete Situationen, in denen Sie an Trennung gedacht haben bzw. denken?*
a) Ja, das war so ziemlich am Anfang unserer Beziehung
b) Solche Gedanken kommen mir hin und wieder, wenn ich richtig wütend bin
c) Nicht, soweit ich mich erinnern kann

14. *Wie weit reichen Ihre gemeinsamen Zukunftspläne?*
a) Mit diesem Mann kann ich mir alles vorstellen, sogar das gemeinsame Älterwerden
b) Wir planen nicht langfristig, sondern lassen lieber alles auf uns zukommen
c) Nichts hält ewig – wenn wir ein paar richtig gute Jahre haben, ist das schon eine Menge wert

15. *Hatten Sie im Laufe Ihrer Partnerschaft schon mal eine (heimliche) Affäre?*
a) Ja, ein kurzes, aufregendes Abenteuer, das mich eine Zeit lang in meiner Beziehung verunsichert hat
b) Nein, das würde ich meinem Partner niemals antun
c) Nein – letztlich ist aber keiner davor gefeit, dass sich so eine Situation nicht doch eines Tages ergeben könnte

16. *Welche Gesten verraten Ihnen, dass Sie Ihrem Partner noch immer am Herzen liegen?*

a) Seine eifersüchtigen Blicke, wenn sich ein anderer Mann für mich interessiert
b) Wenn er mich während seiner Arbeitszeit anruft, nur um mir kurz hallo zu sagen
c) Kleine Geschenke, Komplimente und «Liebesbotschaften»

17. *Besitzt Ihr Partner Eigenarten, die Sie schon immer gestört haben?*
a) Eigentlich nur Kleinigkeiten, seine Unordnung zum Beispiel
b) Mein Partner hat keine Macke, mit der ich nicht leben könnte
c) Es gibt da ein paar Dinge, die mir früher nicht so sehr aufgefallen sind

18. *Sie haben toll gekocht, den Tisch schön gedeckt – und nun weigert sich Ihr Partner, den Fernseher auszuschalten, weil gerade ein spannender Film läuft. Was machen Sie?*
a) Mich nicht aufregen, das würde sowieso nichts nützen. Ich fange demonstrativ an zu essen – ohne ihn
b) Ich sage ihm, dass ich mir unser Essen anders vorgestellt habe und mich über sein Verhalten ärgere
c) Ich bin flexibel und esse mit ihm gemeinsam vor dem Fernseher.

Testauswertung

	a	b	c	
Frage 1	3	0	6	Punkte
Frage 2	6	3	0	
Frage 3	3	0	6	
Frage 4	0	6	3	
Frage 5	0	3	6	
Frage 6	6	3	0	
Frage 7	6	0	3	
Frage 8	3	0	6	
Frage 9	0	3	6	

Frage 10	0	6	3
Frage 11	0	6	3
Frage 12	6	3	0
Frage 13	3	0	6
Frage 14	6	0	3
Frage 15	0	6	3
Frage 16	0	3	6
Frage 17	3	6	0
Frage 18	0	3	6

0 bis 36 Punkte:
Geben Sie Ihrer Beziehung neue Impulse!

Glauben Sie wirklich, dass eine erfüllte Partnerschaft reine Glücksache ist? Zugegeben, bequem wäre diese Möglichkeit – man bräuchte nichts zu tun, weil man ohnehin keinen Einfluss auf das Gelingen oder Scheitern der Beziehung hätte. Aber leider, ganz so einfach ist die Sache nicht. Im Gegenteil: Wer eine lebendige und glückliche Beziehung haben will, muss innerlich beweglich bleiben, das heißt sich engagieren, auseinander setzen und die gemeinsame Situation reflektieren, um einander nicht aus den Augen zu verlieren. Könnte es sein, dass Sie dies und damit Ihren Partner in letzter Zeit vernachlässigt haben? Oder war es Ihnen schon immer zu anstrengend, über Probleme zu sprechen, Dinge zu verändern und sich um Ihren Liebsten regelrecht zu bemühen?

Wenn Sie die vorangegangenen Testfragen aufrichtig beantwortet haben, steht jedenfalls fest: In Ihrer Partnerschaft muss sich etwas tun! Werden Sie aktiv und versuchen Sie, die bekannten Muster aufzubrechen – bereits Kleinigkeiten können viel bewirken. Wenn sich wieder eine typische (angespannte) Situation anbahnt, dann reagieren Sie doch mal bewusst anders und schlagen Sie einen freundlicheren Ton an. Gehen Sie Schwierigkeiten nicht länger aus dem Weg, sondern setzen Sie sich damit auseinander: Wann haben Sie Ihren Partner das letzte Mal gefragt, wie's ihm geht? Ohne solide Gesprächsbasis funktioniert keine Beziehung. Kann sein, dass Sie durch Stress, Alltag und Routine in die Beziehungsfalle getappt sind. Das Schlüsselwort heißt: Abwechslung! Und das gilt nicht nur im Bett. Ernst gemeinte Komplimente, nette Überraschungen, deutlich signalisiertes Interesse an dem anderen können wieder Bewegung ins Beziehungsspiel bringen.

Leiden Sie darunter, dass Ihre Tagesabläufe zu eingefahren sind? Dann arbeiten Sie an einer Neuverteilung der Verantwortungsbereiche. Tauschen Sie – soweit möglich – angestaubte Rollen. Es muss nicht immer der-/dieselbe einkaufen, die leidige Steuer erledigen oder kochen – probieren Sie doch mal gemeinsam (!) neue Rezepte aus. Vor allem aber: Nehmen Sie sich bewusst Zeit füreinander. Lassen Sie den Fernseher einfach mal aus und gehen Sie stattdessen miteinander spazieren – dabei lässt sich zudem so manches leichter besprechen. Und wie wäre es am Sonntag mit einer Tasse Tee oder Kaffee ans Bett? Schon so einfache liebevolle Aufmerksamkeiten bringen wieder etwas Sonne in Ihren Alltag. Versuchen Sie, Ihren Liebsten wirklich zu «sehen», berühren Sie ihn mal wieder ganz bewusst zärtlich ... kleine Gesten sagen manchmal mehr als große Worte.

Wichtig ist auch, sich über die eigenen Wünsche klar zu werden – und dazu zu stehen! Ständig die eigenen Bedürfnisse zu unterdrücken macht unzufrieden. Denn fast nichts ist fix: Sie können Ihre Welt und Ihre Beziehung ändern.

Haben Sie aber all das schon hinter sich, Ihre Beziehung bereits mehrfachen Wiederbelebungsversuchen unterzogen und fühlen sich trotzdem weiterhin unglücklich in Ihrer Partnerschaft? Dann hilft nur: Entweder professionelle Hilfe von außen annehmen – zum Beispiel in Form einer Partnerschaftsberatung – oder konsequent sein, einen Schlussstrich ziehen und getrennte Wege gehen. Denn besser ein Ende mit Schrecken als ein Schrecken ohne Ende ...

39 bis 75 Punkte
Auch wenn's bei Ihnen gut läuft: Werden Sie nicht bequem

Große Gefühle sowohl bei Lust und Liebe als auch in Auseinandersetzungen – Sie beweisen, dass eines das andere nicht ausschließen muss. Sie sind auf dem besten Wege, eine erfüllte und ehrliche Partnerschaft zu leben. Eine wahre Meisterleistung in einer Gegenwart, in der wir häufig das Miteinander vergessen, weil die eigenen Bedürfnisse so sehr in den Vordergrund gestellt werden. Ist eine intensive und beständige Liebesbeziehung eines der letzten großen «Abenteuer» unserer Zeit? Zumindest eine der größeren Herausforderungen. Man benötigt Mut, Verhandlungsbereitschaft und Durchhaltevermögen. Das heißt einerseits den Willen, nicht gleich «den Abgang zu machen«, sobald es wackelt – und andererseits nicht zu bequem zu werden, wenn scheinbar alles gut läuft. Bemühen Sie sich, das Erreichte nicht bloß hinzunehmen. Damit eine Beziehung intakt bleibt, muss man ständig daran arbeiten. Probleme sollten Sie also nicht als Hindernisse, sondern als Herausforderung betrachten.

Glauben Sie übrigens ja nicht, dass Sie schon jede Seite Ihres Partners kennen! Wussten Sie zum Beispiel, dass jeder dritte Mann sich nicht traut, mit seiner Partnerin über seine sexuellen Wünsche zu reden? Und ahnten Sie, dass jede dritte Frau ihrem Partner gerne mal sagen möchte, er möge im Bett zärtlicher sein? Das ergab eine Umfrage des Meinungsforschungsinstituts EMNID zu Geheimnissen in der Partnerschaft.

Denkt man darüber nach, ist das Ergebnis der Umfrage gar nicht so verblüffend: Tun wir uns nicht alle schwer, ganz offen und ehrlich über unsere geheimsten Gedanken zu sprechen? Selbst gegenüber dem Partner erscheint uns manchmal peinlich, was eigentlich ganz natürlich ist. Dabei hält eine glückliche Beziehung fast alles aus – nur Lügen nicht. Absolute Ehrlichkeit bedeutet aber nicht, wirklich alles über den anderen wissen zu müssen. Kleine Geheimnisse sorgen für Knistern und Kribbeln.

Diese tägliche Beziehungsarbeit zwischen Nähe und Distanz, zwischen gemeinsamer Vertrautheit und persönlicher Privatsphäre macht den meisten Menschen zu schaffen – auch Ihnen. Fordert Ihr Partner seine Freiräume ein, fühlen Sie sich vernachlässigt und gekränkt, rückt er Ihnen hingegen zu nahe, empfinden Sie Enge und Unfreiheit. Doch gerade dieser Balanceakt zwischen eigenen Bedürfnissen und denen des Partners ist die größte Herausforderung in jeder Beziehung. Streben Sie nach dem Gleichgewicht, aber verbiegen Sie sich nicht. Das Ziel heißt, Grenzen zu wahren und sich gleichzeitig immer wieder um den anderen zu bemühen, ihn als Individuum zu respektieren und trotzdem nicht aus den Augen zu verlieren. Sprechen Sie ruhig über Alltägliches. Wissen Sie zum Beispiel wirklich, wie es im Job bei Ihrem Liebsten aussieht? Was ihn beschäftigt, bedrückt oder anspornt? Versuchen Sie, seine Sorgen und Träume zu teilen, seine Welt zu verstehen. Sicherlich gibt es da noch einiges zu entdecken ...

78 bis 108 Punkte
Sie scheinen in einer perfekten Partnerschaft zu leben – fast zu schön, um wahr zu sein

Entweder Sie führen tatsächlich eine absolute Traumbeziehung – oder Sie machen sich selbst etwas vor. Glaubt man Ihrem Testergebnis, dann kommt in Ihrer Beziehung nie Langeweile auf. Sie respektieren sich beide als gleichberechtigte Partner, können über alles reden, teilen sich selbstverständlich jede Arbeit, die im Alltag so anfällt, sind sich absolut treu und erleben im Bett eine erfüllte Sexualität. Toll! Fast zu schön, um wahr zu sein. Ist Ihre Partnerschaft wirklich so perfekt, dann herzlichen Glückwunsch! Genießen Sie Ihre Traumbeziehung – und lesen Sie ab jetzt einfach nicht mehr weiter ...

... Sie wollen doch noch mehr erfahren? Dann könnte es sein, dass Sie trotz aller – nach außen hin demonstrierten – Harmonie insgeheim leise Zweifel hegen. Vielleicht erscheint Ihnen Ihre Beziehung ja schon verdächtig perfekt. Und eventuell entspricht Ihr großes Glück zu zweit gar nicht der Realität, sondern vielmehr Ihrem eigenen Wunschbild. In diesem Fall kann es nicht schaden, einmal über folgende Fragen nachzudenken: Sind Sie sich sicher, dass Ihr Partner denselben Traum vom großen Glück zu zweit hegt wie Sie? Oder könnte es sein, dass sich Ihr Liebster manchmal nach mehr Freiräumen und Intimsphäre sehnt? Und wann haben Sie sich das letzte Mal richtig Zeit für sich selbst oder für gute Freunde genommen? Jede Beziehung braucht einen Ausgleich. Wenn man als Paar stets alles gemeinsam macht, läuft man Gefahr, sich selbst zu verlieren und nur noch als Team zu existieren. Eine harmonische Partnerschaft ist kein homogenes Gebilde, sondern eine eigenwillige Konstellation aus zwei selbständigen Individuen.

Das heißt auch: Keine Angst vor Auseinandersetzungen! Streiten zeugt von Interesse – es signalisiert, dass einem der andere wichtig ist und dass einem viel daran liegt, von seinem Gesprächspartner wirklich verstanden zu werden. Kontroverse Standpunkte bremsen eine Beziehung nicht, sondern beleben sie! Außerdem wünschen sich die meisten Männer eine Partnerin, die nicht einfach nur ja sagt. Bleiben Sie Ihrer Persönlichkeit treu, bewahren Sie Ihre eigenen Interessen, und pflegen Sie auch zwischenmenschliche Beziehungen außerhalb Ihrer Partnerschaft. Sie wollen ja schließlich nicht den Kontakt zur Außenwelt verlieren und sich selbst isolieren. Wenn Sie sich zu sehr Ihrem Partner anpassen und alle Brücken um sich herum abbrechen, riskieren Sie, nicht nur in der Zweisamkeit zu vereinsamen, sondern auch auf Ihren Partner irgendwann uninteressant zu wirken. Und das ist doch das Letzte, was Sie wollen, oder?

Welcher Mann macht Sie an – und wer passt tatsächlich zu Ihnen?

Sie sind bisher stets auf «den Falschen» hereingefallen – obwohl Sie jedes Mal dachten, dass es diesmal «der Richtige» sei? Sie scharen meistens Männer um sich, die Sie zwar gerne mögen, denen aber das gewisse Etwas fehlt? Und Sie wissen einfach nicht, warum ausgerechnet bei der Partnersuche Ihre ansonsten gute Menschenkenntnis versagt? Dann sind Sie nicht die Einzige, die sich diese Fragen stellt und die in der Liebe immer wieder auf die Nase fällt. Der folgende Test kann Sie natürlich nicht auf alle Zeit vor kommenden «Liebeskatastrophen» bewahren, geschweige denn Ihnen den garantierten Weg zum Traumpartner weisen. Aber er könnte Ihnen vielleicht, mit Ihrer Unterstützung, eine kleine Entscheidungshilfe bieten, Sie für die nächste Partnersuche sensibilisieren und Ihr Gespür dafür verbessern, welcher Typ Mann Ihnen nur den Verstand raubt – und wer wirklich zu Ihnen passt. Falls Sie dagegen schon in festen Händen sind, finden Sie hier möglicherweise die Bestätigung, dass Sie den Richtigen bereits gefunden haben und Ihrem Partnerglück – rein theoretisch – nichts mehr im Wege steht.

1. *Was denken Sie über Männer im Allgemeinen?*

a) Männer sind Freunde und Geliebte zugleich – und außerdem große Kinder

b) Männer sind auch nur Menschen – auch wenn sie manchmal wie eine fremde Spezies wirken

c) Männer sind letztlich immer noch «das starke Geschlecht», aber das macht sie wiederum so attraktiv

2. *Es ist passiert: Sie haben zum ersten Mal miteinander geschlafen. Und es war richtig gut. Was sagen Sie ihm danach?*

a) Dass ich mich wohl verliebt habe, denn so schön war es lange nicht mehr
b) Dass es gigantisch war – und wir das Ganze gerne noch mal wiederholen können
c) Gar nichts. Ich streichele ihn, schweige und genieße

3. *Er ist richtig in Fahrt gekommen und buchstäblich von der Leidenschaft gefesselt. Deshalb bittet er Sie um einen kleinen erotischen Dienst: ihn ans Bett zu binden. Sie wollen keine Spielverderberin sein und antworten ...?*
a) «Mit Vergnügen, Baby! Mach dich auf was gefasst!»
b) «Darauf stehe ich eigentlich nicht, aber wenn du willst ... Wie hättest du es denn gern?»
c) «Okay, doch danach tauschen wir die Rollen!»

4. *Welches Kompliment von einem Mann würde Ihnen am stärksten schmeicheln?*
a) «Du bist ein wahres Wundermittel: In deiner Nähe laufe ich zur Höchstform auf!»
b) «Zauberhaft: Du spürst, was ich will, schon bevor ich es ausgesprochen habe ...»
c) «Mit dir ist es nie langweilig, du verblüffst mich immer wieder aufs Neue!»

5. *Lesen Sie folgende Sätze und kreuzen Sie dabei spontan (ohne lange nachzudenken!) jede Aussage an, die auf Sie zutrifft.*
○ Ich mag keine Menschen, die ständig herumjammern
◇ Wenn ich richtig in Fahrt komme, bin ich kaum noch zu bremsen
□ Ich denke, dass sich jeder Mensch ändern kann – wenn er will
○ Nie würde ich mich einem Mann zuliebe ändern
◇ Man sagt mir nach, ein wahres Showtalent zu sein
□ Ich stelle mir oft vor, was ich mit einer Million Euro tun würde
◇ Ich habe keine Probleme damit, meine Gefühle offen zu zeigen

○ Meinen Alltag und Job habe ich ganz gut im Griff
□ Im Leben gibt es für mich Wichtigeres als die Karriere
○ Letztlich ist jeder für sich selbst verantwortlich
□ Manchmal träume ich von einem modernen Märchenprinzen
◇ Ich liebe Überraschungen, verliere aber schnell die Lust an einer Sache
○ Andere Menschen bitten mich oft um Rat
◇ An die Zukunft verschwende ich nicht zu viele Gedanken, das Jetzt zählt
□ Nie könnte ich jemandem wehtun oder Gefühle verletzen
◇ Es trifft mich ziemlich hart, wenn ich kritisiert werde
○ Mein Partner muss mir gewisse Freiräume einräumen
□ Ich glaube, dass ich mich gut in andere hineinversetzen kann
◇ Ich gehe Auseinandersetzungen selten aus dem Weg
○ Ich hasse es, wenn mir jemand zu sehr auf die Pelle rückt
□ Einige Frauen nehmen sich selbst viel zu wichtig – ich nicht!
◇ Mein Motto: Leicht chaotisch liegt mir mehr als extrem pingelig
○ Ich komme eigentlich auch ganz gut allein zurecht
□ Ich liebe es, mich für meinen Traummann schön zu machen
◇ Für Dinge, von denen ich überzeugt bin, setze ich mich voll ein
□ Sex ohne Gefühl ist nichts für mich, ich brauche Romantik
○ Ich glaube, dass ich nach außen ruhig und überlegen wirke
◇ Ich sage lieber direkt, was ich denke, statt demonstrativ zu schmollen
○ Niemand ist perfekt – trotzdem fällt es mir schwer, über mich selbst zu lachen
□ Ich bin davon überzeugt, dass sich vieles im Leben von selbst regelt

Zählen Sie nun zusammen und notieren Sie sich, bei welchem Symbol Sie die meisten Kreuze gemacht haben. Falls Sie bei zwei oder drei Antwortmöglichkeiten gleich viele Sätze angekreuzt haben, müssen Sie sich nun entscheiden, zu welcher Variante Sie stärker tendieren …

6. *Welche Eigenschaften schätzen Sie an einem Mann?*
a) Dass er genau weiß, was er will, und auch mal sagt, wo's langgeht
b) Dass er Humor hat und auch für spontane Aktivitäten zu haben ist
c) Dass ich mit ihm über alles reden kann und er meine Meinung toleriert

7. *Und was können Sie an einem Mann überhaupt nicht ausstehen?*
a) Wenn er stets Recht haben will, aber unangenehme Entscheidungen dann doch lieber anderen überlässt
b) Wenn er sich wie eine Mimose verhält: bei Wehwehchen fast stirbt und auf Kritik beleidigt reagiert
c) Wenn er unter Bequemlichkeit leidet und ständig motiviert werden muss, um aktiv zu werden

8. *Mit welchen Mitteln setzen Sie einem Mann gegenüber Ihren Willen durch?*
a) Ich schweige mich aus oder lasse meinen Tränen freien Lauf – das wirkt immer
b) Mit den «Waffen einer Frau» – wenn das nicht hilft, werde ich lautstark aktiv
c) Ich überlege mir eine Strategie, bei der ich ihn mit den besseren Argumenten überzeuge

9. *Ihr gemeinsamer Urlaub war fest geplant und bereits gebucht. Doch eine Woche vor Reisebeginn muss Ihr Partner plötzlich absagen – aus zwingenden geschäftlichen Gründen. Was tun Sie?*
a) Ich versuche den Urlaub umzubuchen oder eine Freundin als Ersatz mitzunehmen
b) Ich storniere die Reise und mache mir mit dem Restgeld ein paar halbwegs schöne Tage daheim
c) Allein fahren und trotzdem Spaß haben – gegen höhere Gewalt ist man schließlich machtlos

10. *Welchen dieser Leinwandhelden finden Sie besonders attraktiv bzw. würden Sie nicht von Ihrer Bettkante stoßen?*
a) Robert de Niro/Harrison Ford/Bruce Willis
b) Richard Gere/George Clooney/Pierce Brosnan
c) Brad Pitt/Leonardo DiCaprio/Robert Redford

Testauswertung

* Frage 5): Wo haben Sie am meisten Kreuze gemacht – bei ◇ = a, ○ = b oder □ = c?

	a	b	c	
Frage 1	0	3	6	Punkte
Frage 2	6	3	0	
Frage 3	3	6	0	
Frage 4	0	6	3	
Frage 5	3	0	6	
Frage 6	6	3	0	
Frage 7	0	6	3	
Frage 8	6	3	0	
Frage 9	0	6	3	
Frage 10	0	3	6	

0 bis 18 Punkte
Sie haben in Ihrem Leben alles unter Kontrolle – und was ist mit der Liebe?

Sie sind die Frau, von der fast jeder Mann träumt: geradlinig, selbstbewusst, eigenständig und trotzdem nicht unsensibel oder unweiblich. Sie können anderen zuhören und auf Ihre Mitmenschen eingehen, ohne Ihre eigene Meinung zu verleugnen oder Ihre persönlichen Interessen aus den Augen zu verlieren. Sie bieten Ihrem Partner einen ruhenden Pol in einer hektischen, erfolgsorientierten Welt. Sie scheinen im Leben alles unter Kontrolle zu haben, aber auch Frau genug zu sein, Gefühle zu zeigen und Fehler einzugestehen. Damit sind Sie für viele Männer das Sinnbild der modernen Frau: eine Amazone der Neuzeit – stark, attraktiv, souverän und begehrenswert. Sie sind aktiv und ergreifen, wenn nötig, selbst die Initiative.

Da gibt's nur ein Problem: Die Stärke, die Sie ausstrahlen, fasziniert oft gerade jene Männer, die Sie selbst als eher schwach empfinden. Aktive Erfolgstypen sind von Ihnen nicht minder fasziniert, spüren aber – durch Ihr betont selbstsicheres Auftreten –, dass sie in einer Partnerschaft mit Ihnen letztlich den Kürzeren ziehen würden. Und das scheint manche, eigentlich intelligente Männer schlichtweg abzuschrecken.

Damit bleiben Ihnen vor allem jene chaotischen Herzensbrecher, um die Sie zwar von anderen Frauen beneidet werden, die Ihnen selbst jedoch nach einer Weile gehörig auf die Nerven gehen, weil Sie sich von ihnen irgendwie ausgesaugt und ausgenutzt fühlen. Denn die Männer, die Ihnen immer wieder zu Füßen liegen, suchen eine Frau, die sie pusht, gelegentlich aufbaut und fast mütterlich durchs Leben führt. Dabei wünschen Sie sich doch eigentlich selbst – insgeheim – einen kräftigen Arm, der Sie manchmal hält und die Zügel Ihres Zweiergespanns sanft in die Hand nimmt, sehnen sich nach einer Schulter zum Anlehnen oder auch mal zum Ausweinen.

Manchmal reicht es Ihnen ganz einfach, ständig «die Starke» zu geben, in Familie, Alltag und/oder Job täglich Ihre Frau stehen zu müssen. Auch Sie haben schwache Seiten – und die wollen Sie endlich einmal ausleben!

Diesen Zwiespalt zwischen Ihrer Wirkung auf die Außenwelt und dem, was Sie tief in Ihrem Innern fühlen, können Sie nur schließen, wenn Sie anderen Menschen Ihre Schwächen auch zeigen. Da reicht es allerdings nicht, nur ein «winziges Missgeschick» kleinlaut zuzugeben oder verschämt Tränen fließen zu lassen. Sie müssen endlich Ihre wahren Gefühle zeigen, ruhig mal zugeben, wenn Sie den Überblick verloren haben, und – vor allem – Ihrem Traummann das Gefühl geben, dass er manchmal der Stärkere ist. Vielleicht überlassen Sie wichtige Entscheidungen hin und wieder Ihrem Liebsten, lassen sich auch mal von ihm aufbauen oder den Rücken stärken. Möglicherweise läuft Ihr bisher eher unterforderter Partner dann ja zur Höchstform auf und entwickelt dabei ungeahnte Stärken ...

Sie kennen sicherlich den Spruch «Hinter einem starken Mann steht eine starke Frau«. Doch glauben Sie wirklich, dass sich ein Mann stark fühlen kann, wenn seine Frau sich immer vor ihn stellt und so nach außen hin als Schwächling erscheinen lässt? Kluge Frauen setzen letztendlich durch, was sie wollen, vermitteln aber dem Mann das Gefühl, dass er der Entscheidungsträger ist. Auf diese Weise könnten Sie vielleicht auch das Herz Ihres Traummanns erobern – wenn Sie es nicht schon gewonnen haben: das dauerhafte Glück mit jenem Mann, der Ihnen ebenbürtig erscheint, der Ihnen mitunter Rückendeckung gibt und den Sie wirklich verdient hätten! Denken Sie mal darüber nach ...

21 bis 39 Punkte: Kein Mann begnügt sich auf Dauer mit der Rolle Ihres Bewunderers

Wow! Sie scheinen die absolute Powerfrau zu sein, ein wahrer Wirbelwind, der mit seiner Energie alle mitreißt – auch die Männer. Die sind in Ihrer Nähe so verwirrt, fasziniert und derangiert, dass sie erst wieder zur Besinnung kommen, wenn sie von Ihnen abserviert wurden. Wie ein Orkan toben Sie durch die Herzen der Männer, lassen Ihren Emotionen freien Lauf – und die Gefühle Ihrer Partner auf der Strecke. Die Liebe und das Leben sollen sich schließlich um Sie drehen, finden Sie, und setzen alles daran, im Mittelpunkt zu stehen. Sie lieben das Abenteuer – und die Abwechslung. Ein langjähriger Partner würde Sie dabei eher bremsen, obwohl Sie sich manchmal die Sicherheit und den Schutz einer festen Beziehung wünschen.

Durch Ihr enthusiastisches Auftreten ziehen Sie vor allem Männer an, die ebenfalls große Auftritte lieben. Diese Selbstdarsteller verlieben sich prompt in Sie – weil sie insgeheim hoffen, dass mit Ihrer Ausstrahlung noch mehr Glanz auf sie selbst abfärben möge. Irgendwann stellen sie dann aber fest, dass Sie ihnen glatt die Show stehlen und sie selbst allmählich ins Abseits geraten. Dann ist Ärger vorprogrammiert, und das Ende einer eher oberflächlichen Beziehung bahnt sich an. Doch bevor ein Mann Sie verlässt, ziehen Sie lieber selbst schnell den Schlussstrich. So oder ähnlich könnten Ihre bisherigen Beziehungen abgelaufen sein.

Vielleicht aber haben Sie aus gescheiterten Partnerschaften bereits einiges gelernt – zum Beispiel festgestellt, dass sich kein Mann auf Dauer mit der Rolle des Bewunderers oder Stichwortgebers zufrieden gibt. Dass Ihre unkontrollierten Gefühlsausbrüche das Zusammenleben mit Ihnen nicht gerade einfach machen. Und vielleicht haben Sie inzwischen verstanden, dass auch Ihr Partner ab und zu Bestätigung erfahren, Zuneigung spüren und Aufmerksamkeit bekommen will. Dann bestünde Hoffnung auf eine langfristige, tief gehende, wechselseitige statt wechselhafte Partnerschaft! Allerdings käme dann noch weitere «unbequeme» Beziehungsarbeit auf Sie zu ...

Wenn Sie sich wirklich von Ihren Affären verabschieden wollen, um das dauerhafte Glück einer gefestigten Zweierbeziehung zu suchen, dann sollten Sie nicht weiterhin nach temperamentvollen Draufgängern Ausschau halten, die Sie irgendwie an Sie selbst erinnern. Versuchen Sie es mal mit eher ruhigen, ernsthaften Männern – auch wenn die Ihnen auf den ersten Blick nicht so glanzvoll erscheinen. Dann könnten Sie möglicherweise feststellen, dass gerade diese Männer viel Spannendes und Überraschendes auf lange Sicht zu bieten haben.

Vielleicht kann so ein Mann Ihnen das geben, wonach Sie sich tief in Ihrem Herzen sehnen: Liebe und Geborgenheit. Eine bedingungslose Liebe dürften Sie auf Anhieb jedoch nicht erwarten – dafür müssen Sie nämlich auch etwas tun ...

42 bis 60 Punkte: Sie suchen eine Schulter zum Anlehnen, aber brauchen Sie die wirklich?

Psychologen haben herausgefunden, dass viele Frauen bei der Partnerwahl auch heute noch vorrangig auf «elementare Eigenschaften» achten. Das heißt, sie wählen ihren Traummann – bewusst oder unbewusst – danach aus, ob er sie materiell versorgen und der mögliche Vater ihrer künftigen Kinder sein könnte. Ob Sie es wollen oder nicht: Dieses Denken ist auch bei Ihnen – laut dem vorliegenden Testergebnis – verwurzelt. Deshalb tendieren Sie bei Ihrer Partnersuche zu einem Männertyp, auf den Sie sich verlassen können, der im Leben «seinen Mann» steht und auch äußerlich Männlichkeit ausstrahlt. Da Sie sich selbst betont weiblich geben, äußerst empfindsam sind, verletzlich, fast sogar zerbrechlich wirken, wecken Sie den Beschützerinstinkt im Manne und ziehen tatsächlich jene Männer an, die Ihrem scheinbaren Wunschtyp entsprechen.

Weil Sie aber nicht nur sehr sensibel sind und die Bedürfnisse Ihrer Mitmenschen förmlich erahnen, sondern Ihre eigenen Interessen notfalls sogar zurückstellen, sich eher passiv und zurückhaltend geben, gewinnen Sie auch das Interesse ausgesprochen dominanter Männer. Leider. Denn diese Sorte Mann neigt dazu, Frauen «unterzubuttern«. Und: Durch Ihre Opferhaltung bieten Sie Ihre freiwillige Unterordnung geradezu an. Vielleicht lohnt es sich für Sie, einmal ernsthaft darüber nachzudenken, woher diese Tendenzen bei Ihnen kommen. Häufig suchen wir Beziehungsstrukturen auf, die wir aus der Vergangenheit kennen und dann wiederholen – auch wenn uns das nicht glücklich macht.

Es gibt Momente, in denen Sie sich Ihrer eigenen Schwäche in Bezug auf «starke» Männer bewusst sind und mit Ihrer aktuellen Situation hadern. Dann träumen Sie sich in eine bessere, schönere Welt, in der Sie endlich Ihren Prinzen finden: einen sanften, zärtlichen und romantischen Mann, der so sensibel und warmherzig ist wie Sie.

Hören Sie auf zu träumen, handeln Sie: Es gibt sie nämlich wirklich, solche Männer, für die Sie insgeheim schwärmen – allerdings müssen Sie bewusst nach ihnen suchen und um jene «Machos» einen großen Bogen machen, von denen Sie bisher magisch angezogen wurden.

Eine gewisse Bodenständigkeit darf Ihr künftiger Partner allerdings schon besitzen, damit Sie sich nicht gemeinsam in Träumen verlieren. Vielleicht gelingt es so einem Mann, der Ihnen mit Feingefühl, Aufmerksamkeit und Anerkennung begegnet, Ihre bisher verborgenen Seiten zu entdecken, sodass Sie Ihre vermeintlichen Schwächen in Stärken verwandeln können.

Können Sie richtig flirten?

Flirten will gelernt sein! Ob beim Sport, Einkaufen oder Autofahren, ob im Job, Strandbad oder Kino, ob in einer Bar, in der Disco oder U-Bahn – Gelegenheiten zum Flirten gibt's genug. Auch an geeigneten Zielobjekten mangelt es meistens nicht – aber am *Wie*: Wie herausfinden, ob dieser attraktive Mann da drüben wirklich noch zu haben ist, wie Kontakt aufnehmen, ohne einen Korb zu kassieren? Wie den ersten Schritt tun: Lieber direkt in die Offensive gehen, den anderen erst mal zappeln lassen oder ihn dazu bringen, aktiv zu werden – ohne selbst die Initiative ergreifen zu müssen? Mit diesem Test stellen Sie fest, ob Sie in puncto Flirten bereits auf Erfolgskurs sind.

1. *Wie erklären Sie sich, dass manche Frauen ausgerechnet auf jene Männer anziehend wirken, die sie selber eher unattraktiv finden?*
a) Das habe ich mich selbst auch schon oft gefragt
b) «Eher unattraktive» Männer sind eben leichter zu beeindrucken
c) Bei weniger interessanten Typen ist es einfach, sich locker und unverkrampft zu geben

2. *Auf einer Party entdecken Sie Ihren Traummann – umringt von zwei schönen Frauen. Wie gewinnen Sie trotzdem seine Aufmerksamkeit?*
a) Mit intensivem Blickkontakt und einem verführerischen Lächeln
b) Ich bitte den Gastgeber bzw. die Gastgeberin, uns einander vorzustellen
c) Mit Geduld: Ich warte ab, bis sich eine günstige Gelegenheit für einen Smalltalk ergibt

3. *Sie haben es tatsächlich geschafft, mit diesem Traumtypen während*

der Party ins Gespräch zu kommen. Am Ende des Abends tauschen Sie gegenseitig Ihre Telefonnummern aus. Wie geht's weiter?

a) Ganz einfach: Ich rufe ihn an – und zwar bald!
b) Ich hoffe, dass er mich anruft. Ansonsten hake ich die Sache ab
c) Ich lasse ein paar Tage verstreichen – falls er dann nicht anruft, melde ich mich bei ihm

4. *Ihre beste Freundin hat sich zum Tantra-Kurs angemeldet. Jetzt traut sie sich aber doch nicht, allein hinzugehen, und bittet Sie um Verstärkung. Gehen Sie mit?*

a) Nein, diesen Sexkurs hat sie sich selbst eingebrockt, also soll sie jetzt auch allein da durch
b) Kommt darauf an, wie hoch der Männeranteil ist
c) Man kann sich das ja mal angucken – wer weiß: Vielleicht kann ich noch was dazulernen

5. *Welche dieser Möglichkeiten würden Sie am ehesten als «forcierte Aktion» in Betracht ziehen, um Ihren Traumpartner zu finden?*

a) Eine Kontaktanzeige in einer Zeitung oder im Internet aufgeben
b) Die Dienste einer Vermittlungsagentur in Anspruch nehmen
c) Einem Single-Club beitreten oder an einer organisierten Single-Reise teilnehmen

6. *«Fisch sucht Fahrrad» – unter diesem oder ähnlichem Motto finden in fast allen größeren Städten regelmäßig Single-Partys statt. Ihre Meinung dazu?*

a) Finde ich gut
b) So etwas ist mir zu gewollt und gezwungen
c) Es gibt solche und solche Partys – abhängig vom Niveau der Gäste

7. *Flirten gegen die Stoppuhr – beim so genannten Speed Dating versuchen Single-Agenturen ihre Kunden im vorgegebenen Zeit-Takt zu ver-*

kuppeln. Genau sieben Minuten hat jeder Teilnehmer Zeit, um herauszufinden, ob er sein Gegenüber noch mal wieder sehen möchte. Was halten Sie davon?

a) Clevere Geschäftsidee, die aber mehr den Agenturen als den Kunden Erfolg verspricht
b) Witzig, aber unrealistisch: Wie soll man in nur sieben Minuten seine/n Traumfrau/-mann orten?
c) Wer's mag ... Um spontane Sympathie oder Antipathie festzustellen, reichen sieben Minuten aus!

8. *Ihre beste Freundin hat furchtbaren Liebeskummer und weint sich bei Ihnen aus. Welcher dieser aufbauenden Sätze könnte am ehesten von Ihnen stammen?*

a) «Sei froh, dass du diesen Typ los bist ...»
b) «Wein ruhig, lass alles raus! Ich weiß, wie du dich fühlst.»
c) «Auch andere Mütter haben schöne Söhne ...»

9. *Was halten Sie von One-Night-Stands?*

a) Warum nicht? Das kann aufregend und berauschend sein
b) Sex ohne Liebe ist nichts für mich
c) Da bleibt meistens ein schaler Nachgeschmack ...

10. *Was fällt Ihnen in Sachen Liebe spontan bei der Redewendung «Spiel mit dem Feuer» ein?*

a) Ein Liebesabenteuer mit Open End
b) Eine heiße Liebesnacht, bei der im Eifer des Gefechts die Sicherheit vergessen wurde
c) Eine riskante Affäre mit einem verheirateten Mann

11. *Hatten Sie schon mal einen Ferienflirt, bei dem Sie weiter gegangen sind, als Sie eigentlich wollten?*

a) Nein, weil ich mir erst gar keine Grenzen stecke
b) Nein, meinen Liebesprinzipien bleibe ich immer treu
c) Ja, leider

12. *Was ist Ihrer Meinung nach der Unterschied zwischen Erotik und Sex?*
a) Erotik ist das prickelnde Spiel mit der Lust – Sex ist Leidenschaft pur
b) Erotik ist die Appetit anregende Vorspeise, Sex das Hauptgericht
c) Es gibt keinen – das sind zwei Begriffe für ein und dieselbe Sache

13. *Sie haben zwei Männer unabhängig voneinander kennen gelernt – und fühlen sich von beiden gleichermaßen angezogen. Was machen Sie?*
a) Beide vergessen. Wenn ich wirklich verliebt wäre, hätte ich einen klaren Favoriten
b) Mich für einen entscheiden – auch wenn's schwer fällt ...
c) Ich sorge dafür, dass keiner etwas vom anderen erfährt, und genieße die Situation

14. *Angenommen, Sie sind auf Männersuche, hätten Sie für alle Fälle immer ein Päckchen Kondome griffbereit?*
a) Ja, selbstverständlich
b) Nein, das überlasse ich lieber dem Mann
c) Nicht für alle, sondern nur für besondere Fälle ...

15. *Eine Freundin stellt Ihnen auf einer Party einen guten alten Freund vor. Sie sehen ihn an und spüren, wie Ihr Adrenalinspiegel steigt. Als er Sie dann noch herausfordernd anlächelt, ist es um Sie geschehen. Sie wissen plötzlich: Der oder keiner. Senden Sie entsprechende Signale?*
a) Erst wenn ich mir sicher bin, dass er nicht alle so anlächelt wie mich
b) Ja, bevor es eine andere tut!
c) Ich halte mich erst noch zurück – bis ich weiß, ob er überhaupt solo ist

Testauswertung

	a	b	c	
Frage 1	0	6	3	Punkte
Frage 2	3	6	0	
Frage 3	6	0	3	
Frage 4	0	6	3	
Frage 5	3	6	0	
Frage 6	6	0	3	
Frage 7	3	0	6	
Frage 8	0	3	6	
Frage 9	6	0	3	
Frage 10	0	3	6	
Frage 11	6	0	3	
Frage 12	3	6	0	
Frage 13	0	3	6	
Frage 14	6	0	3	
Frage 15	3	6	0	

0 bis 27 Punkte
Trauern Sie keinen verpassten Chancen hinterher, handeln Sie!

Verstohlene Seitenblicke, ein scheues Lächeln, höflicher Smalltalk – meinen Sie wirklich, das reicht aus, um das Herz Ihres Traummanns zu erobern? Ein bisschen mehr Einsatz dürfen Sie schon zeigen, wenn Ihre Flirtversuche zum Erfolg führen sollen. Oder glauben Sie, dass manche Männer Gedanken lesen können? Ihre betonte Zurückhaltung kann zwar verführerisch, vielleicht auch ein wenig geheimnisvoll wirken, aber sie könnte auch «Flirtwillige» entmutigen und deren zarte Annäherungsversuche ins Stolpern geraten lassen. Wenn Sie weder als gehemmt noch als unterkühlt gelten, sich keine Halbherzigkeit vorwerfen lassen und sich nicht für die große Liebe Ihres Lebens aufheben wollen, sollten Sie (endlich) in die Offensive gehen! Spielen Sie nicht die Unnahbare, überwinden Sie Ihre eventuelle Schüchternheit und signalisieren Sie – dezent, aber trotzdem unmissverständlich – Ihre Flirtbereitschaft. Machen Sie auf sich aufmerksam und sich selbst bewusst, dass Sie im Prinzip nichts zu verlieren haben, außer vielleicht Ihr Single-Leben.

Eine weitere wichtige Grundvoraussetzung für erfolgreiches Flirten lautet – so banal es auch klingen mag: Sich auf eindeutiges Single-Terrain zu begeben! Wenn Sie der Liebe die größte Chance geben wollen, sollten Sie möglichst keine Umwege gehen, sondern den direkten Draht zu Gleichgesinnten suchen. Potenzielle Flirtkandidaten finden Sie nicht nur in Bars, Cafés und Clubs, sondern zum Beispiel auch in Fitness-Studios, Waschsalons (viele Singles haben keine eigene Waschmaschine) oder im Supermarkt kurz vor Ladenschluss (da sind keine Familien mehr unterwegs).

Sich mit Pärchen zu treffen kann zwar unterhaltsam sein (vor allem, wenn die sich mal wieder streiten), fördert aber kaum den Kontakt zu anderen Singles. Auch zu viele Frauen oder ein «guter Kumpel» im Schlepptau könnten Interessenten schon im Vorfeld abblocken. Viel besser: Ein unbeschwerter Ausgehabend mit der besten Freundin.

Der höchste Flirtfaktor hat übrigens vier Beine. Laut Umfragen knüpfen Singles, die auf den Hund gekommen sind, am schnellsten Kontakt. Es könnte sich also lohnen, sich mal einen Vierbeiner aus der Nachbarschaft auszuleihen.

Egal ob mit oder ohne «tierische Verstärkung«: Keine Panik vor einer möglichen Pleite! Beim Flirten sind Frauen nämlich im Vorteil: Eine psychologische Studie kam zu dem Ergebnis, dass selbst ein noch so ungeschickter weiblicher Annäherungsversuch bei Männern fast immer zum Erfolg führt. Scheuen Sie sich nicht, bei Ihrer Partnersuche Hilfe in Anspruch zu nehmen. Eine Kontaktanzeige hat nichts Anrüchiges, ein Single-Club nichts Peinliches! Bei privaten Vermittlungsagenturen sollten Sie allerdings das Angebot und die Seriosität genau prüfen. Der beliebteste (und erfolgreichste) Ort für eine Kontaktaufnahme ist mittlerweile das Internet. Aber Aufmerksamkeit ist auch hier geboten, denn die anonyme virtuelle Welt kann schon mal meilenweit vom wirklichen Leben entfernt sein.

30 bis 57 Punkte
Beim Flirten sind Sie ein Naturtalent – mit hohen Ansprüchen

Weiche Knie, feuchte Hände, Schmetterlinge im Bauch. Beim Flirten sind Sie mit ganzem Herzen bei der Sache. Deshalb nähern Sie sich dem Objekt Ihrer Begierde zielsicher und mit viel (Fein-)Gefühl. Plumpe Annäherungsversuche wird man(n) bei Ihnen nicht erleben. Sie beflirten nur Männer, die Sie gefühlsmäßig berühren, die etwas in Ihnen bewegen. Es muss schon ein bisschen im Magen kribbeln, bevor Sie aktiv werden. Dann lassen Sie Ihren ganzen Charme spielen, beeindrucken mit Offenheit und Natürlichkeit.

Manchmal warten Sie jedoch ein wenig zu lange mit Ihrem Flirteinsatz – und das nicht nur aus vornehmer Zurückhaltung: Sie haben ganz einfach Angst vor einem Korb. Doch nur wenn Sie sich trauen, mal eine Abfuhr zu kassieren, werden Sie auch bei scheinbar größeren Herausforderungen erfolgreich sein. Denken Sie daran: Ein missglückter Flirt ist manchmal besser als gar kein Annäherungsversuch – weil das nachträgliche Selbstvorwürfe wegen verpasster Chancen erspart. Eine gewisse Angst vor Zurückweisung ist übrigens ganz normal und gehört zum «Spiel mit der Liebe» dazu. Und, Hand aufs Herz, macht nicht das Risiko gerade den Reiz und das erregende Prickeln beim Flirten aus? Würden wir uns immer siegessicher fühlen, wie langweilig wäre dann die Liebe.

Wenig förderlich ist es auch, nur nach dem absoluten Traummann Ausschau zu halten. Könnte es sein, dass Sie bei der Wahl

Ihrer Flirtpartner zu hohe Maßstäbe ansetzen? Dass Ihre Ansprüche ein wenig zu abgehoben sind? Dass Sie jeden interessanten Mann bereits beim ersten Kennenlernen darauf abchecken, ob er der mögliche Vater Ihrer künftigen Kinder sein könnte? Oder zumindest der Mann Ihres Lebens? Diesen Prüfungen könnte wohl kaum ein Mann auf den ersten Blick gerecht werden. Ob Ihr potenzieller Flirtkandidat für ein mögliches Zusammenleben mit Ihnen taugt, wird sich nämlich erst in der Zukunft herausstellen.

Vergessen Sie also nicht, dass Flirten zunächst etwas Unverbindliches hat. Wenn Sie sich nur auf Flirts einlassen, aus denen vielleicht die ganz große Liebe werden könnte, nehmen Sie sich selbst jene Leichtigkeit, die das Flirten eigentlich ausmacht. Denn erst allmählich kann sich aus diesem unbeschwerten Anbandeln eine lockere Verbindung ergeben, aus der sich dann möglicherweise irgendwann der (feste) Bund fürs Leben entwickelt. Diese Entwicklung aber braucht Zeit und Geduld. Liebe lässt sich nun mal – wie Sie selbst sicherlich wissen – nicht erzwingen. Und nicht erträumen! Statt sich den Märchenprinzen zu ersehnen, sollten Sie Ihr Augenmerk lieber auf einen «ganz normalen Mann» richten, der zwar vermutlich nicht allen Ihren Vorstellungen entspricht, aber dafür ganz real ist!

60 bis 90 Punkte
Nur nichts überstürzen! Sie neigen dazu, gleich aufs Ganze zu gehen

In puncto Flirten scheinen Sie eine wahre Meisterin zu sein. Jedenfalls lassen Sie «nichts anbrennen» und kaum eine Gelegenheit aus, Ihre Flirtkunst unter Beweis zu stellen. Dabei ziehen Sie oft sämtliche Register Ihres Könnens – nicht selten jedoch die falschen. Denn da, wo manchmal Feingefühl angebracht wäre, langsames Annähern und behutsames Herantasten, gehen Sie gleich aufs Ganze. Doch eine solche Offensive kann bei verschiedenen

Männern automatisch den Fluchtinstinkt auslösen – vor allem bei jenen, die eine gewisse Bindungsangst haben. Und das sind nicht wenige!

Scheinbar wahlloses Flirten wirkt auf Männer ebenfalls abschreckend. Schließlich ist keiner gerne zweite Wahl. Falls auch Sie hin und wieder den Verdacht hegen, nur «Ablegware» anzuziehen, sollten Sie beim Flirten nichts überstürzen. Nehmen Sie sich die Zeit, Ihre Avancen ganz gezielt zu platzieren. Versuchen Sie auch, einen suchenden Blick zu vermeiden. Männer reagieren nämlich äußerst empfindlich auf Frauen, die sich anscheinend mit Gewalt einen Mann angeln wollen.

Je natürlicher Sie sich geben und je mehr Sie in sich selbst ruhen, desto attraktiver wirken Sie! Wenn Sie das sichere Gefühl haben, auch ganz gut allein zurechtzukommen und auf keinen Mann der Welt angewiesen zu sein, werden Sie das auch nach außen hin signalisieren. Kaum etwas beeindruckt Männer mehr als eine unabhängige, selbstbewusste und trotzdem feminine Frau. Und kaum etwas erregt sie mehr als das «urweibliche» (Verführungs-)Spiel mit Nähe und Distanz. Dieses kribbelnde Wechselbad zwischen provozieren und sich zieren, zwischen locken und wieder zurückweisen brachte schon Männer früherer Generationen um den Verstand – und wirkt heute noch!

Zeigen Sie also bewusst mal die kalte Schulter und halten Sie Ihren Traummann ruhig ein wenig hin. Flirten ist allerdings kein geeignetes Instrument zur Selbstbestätigung! Beim Spielen mit Gefühlen hört der Spaß auf – konzentrieren Sie Ihre Flirtversuche auf jene Männer, die Sie wirklich interessieren. Denn nur sie sind Ihren Einsatz auch tatsächlich wert!

Selbstwahrnehmung und Körperbewusstsein

Hören Sie auf Ihren Körper und seine Signale?

Ihr Körper hat es verdient, gepflegt und in Form gehalten zu werden. Gute Behandlung dankt er mit Gesundheit, Fitness und Attraktivität. Eigentlich weiß Ihr Körper auch genau, was er will und was ihm gut tut. Doch reagieren Sie immer darauf? Oder ignorieren Sie manchmal seine Signale, weil Sie die Warnzeichen nicht hören wollen? Oder weil Sie vielleicht einfach nicht wissen, wie Sie mit diesen körperlichen Symptomen umgehen sollen? Der folgende Test kann Ihnen helfen, Ihr Körperbewusstsein besser einzuschätzen. Stellen Sie fest, ob Sie auf etwaige Alarmsignale achten, ob Sie Ihren Körper unter Kontrolle haben: Horchen Sie genügend in sich hinein, oder machen Sie sich möglicherweise zu große Sorgen um Ihre Gesundheit?

1. *Während der Arbeit vor dem Computer wird Ihnen plötzlich schwindelig, die Bilder auf dem Monitor verschwimmen, Ihr Kopf dröhnt. Wie deuten Sie diese Symptome?*
a) Als kleine harmlose Stressattacke. Nach einer kurzen Pause bin ich wieder fit
b) Das macht mir Angst – ich werde möglichst bald einen Arzt aufsuchen
c) Als Zeichen von Überanstrengung: Ich schalte den Computer aus und versuche mich zu entspannen

2. *Wie beugen Sie möglichen Ein- und Durchschlafstörungen vor?*
a) Indem ich auf ein üppiges Abendessen verzichte, vor dem Einschlafen bewusst entspanne – zum Beispiel Musik höre – und nicht zu warm schlafe
b) Indem ich auf ein gutes Schlafklima achte (angenehme Temperatur, keine elektrischen Geräte) und vor dem Einschlafen ungesüßten Kräutertee trinke oder autogenes Training mache

c) Indem ich nicht zu früh ins Bett gehe, das Schlafzimmer, wenn nötig, gut durchlüfte und vor dem Schlafen noch etwas lese oder fernsehe

3. *Und wie leicht kommen Sie morgens aus dem Bett?*
a) Eigentlich problemlos – mit dem ersten Weckton bin ich meistens schon wach
b) Eher schlecht – ich brauche immer eine ganze Weile, um in die Gänge zu kommen
c) Kommt ganz darauf an, ob ich in der Nacht gut und lang genug geschlafen habe

4. *Unter welchen Umständen greifen Sie zu Schokolade oder anderen Süßigkeiten?*
a) Nicht sehr oft, aber immer, wenn mein Körper danach verlangt
b) Bei Stress oder aus Frust – zum Nervenberuhigen oder Seeletrösten
c) Unter keinen: Solche Kalorienbomben sind für mich tabu!

5. *Was denken Sie, sind die Hauptursachen für erhöhten Blutdruck?*
a) Übergewicht, falsche Ernährung und mangelnde Bewegung
b) Rauchen, starker Alkoholkonsum und Arteriosklerose
c) Vererbung und/oder unzureichende Stressbewältigung

6. *Eine gute Freundin von Ihnen erkrankt an Krebs. Wie gehen Sie nach dem ersten Schock damit um?*
a) Ich erkundige mich genau, wann welche Symptome zum ersten Mal bei ihr aufgetreten sind
b) Ich versuche sie in nächster Zeit bewusst abzulenken und auf andere Gedanken zu bringen
c) Ich biete meine Hilfe an und bespreche mit ihr, wenn sie will, alle Therapiemöglichkeiten

7. *Wie beugen Sie Brustkrebs vor?*

a) Ich esse viel Obst und Gemüse, rauche nicht, bewege mich reichlich und taste einmal monatlich nach der Periode systematisch meine Brust ab
b) Vor allem durch viel Sport, die tägliche Einnahme der Vitamine A, C, E sowie des zellschützenden Spurenelements Selen, mit Sojamilch und regelmäßigen Brustuntersuchungen
c) Leider lässt sich Brustkrebs nicht vorbeugen – entweder es erwischt einen oder nicht

8. *Stresskrankheit Tinnitus: Haben Ihnen auch schon mal «die Ohren geklingelt»?*
a) Schon öfters, aber nach einer Weile hört das Klingeln immer von allein auf
b) Ja, leider. Deshalb war ich auch schon mal beim Arzt
c) Nein, Gott sei Dank hatte ich bisher noch keinen «kleinen Mann im Ohr»

9. *Wie kontrollieren Sie beim Sport Ihren Puls?*
a) Gar nicht
b) Ich taste ihn an meinem Handgelenk und zähle
c) Mit einem Pulsmesser

10. *Haben Sie manchmal das Gefühl, dass in Ihrem Körper irgendetwas nicht stimmt?*
a) Eigentlich permanent
b) Zum Beispiel, wenn ich krank werde
c) Nur nach einer feuchtfröhlichen Nacht

11. *Hellhäutige Hauttypen mit mehr als dreißig Muttermalen sollten sich besonders gut vor schädlichen UV-Strahlen schützen. Wie vermeiden Sie Sonnenbrände?*
a) Durch eine Kopfbedeckung und eine Sonnencreme mit hohem Lichtschutzfaktor, die ich mindestens 30 Minuten vor dem Sonnenbad auftrage

b) Indem ich eine schädigende Sonneneinwirkung möglichst ganz vermeide: Braun sein ist ungesund!
c) Indem ich meine Haut durch Solarienbesuche im Winter langsam an die Sommersonne gewöhne

12. *Leiden Sie unter Allergien?*
a) Leider. Ich bin gegen so ziemlich alles allergisch
b) Nicht dass ich wüsste
c) Früher nicht, aber je älter ich werde, desto stärker neige ich zu allergischen Reaktionen – zum Beispiel beim Genuss bestimmter Nahrungsmittel oder bei starkem Pollenflug

13. *Spüren Sie, wenn sich der Hormonspiegel in Ihrem Körper verändert – etwa vor dem Einsetzen der Regelblutung?*
a) Klar, es gibt da ein paar deutliche Indizien, nach denen ich die Uhr stellen könnte
b) Meistens schon, nicht nur körperlich, sondern auch seelisch
c) Nicht immer, manchmal kommt meine Periode ziemlich überraschend

14. *Seit etwa einem Monat leiden Sie unter starken Nackenverspannungen, die migräneartige Kopfschmerzen auslösen. Was tun Sie dagegen?*
a) Entkrampfende Wannenbäder nehmen und mir in der Apotheke ein rezeptfreies Migränemittel besorgen
b) Kurzfristig sanfte Dehn- sowie Entspannungsübungen und langfristig gezieltes Muskelaufbautraining
c) Ich lasse mir vom Orthopäden manuelle Therapie oder Massage-Anwendungen verschreiben

15. *In letzter Zeit beobachten Sie an sich folgende Beschwerden: Ein plötzlich auftretender starker Juckreiz, trockene Haut, schlechte Wundheilung, permanenter Durst, verstärkte Müdigkeit und deutliche Gewichtsab- oder -zunahme ohne ersichtlichen Grund (also ohne veränderte Ernährungsgewohnheiten). Was folgern Sie daraus?*

a) Ich muss unbedingt meine Blutzuckerwerte checken lassen – das könnte Diabetes sein!
b) Eine rätselhafte Stoffwechselstörung. Ich muss dringend zu einem Spezialisten!
c) Ich werde älter. Aber vielleicht gibt sich das ja auch wieder

16. *Und was würden Sie aus folgenden Symptomen schließen: Magendruck, Atemnot, häufige Übelkeit, Schmerzen hinter dem Brustbein?*
a) Eine verschleppte Bronchitis
b) Vorhofflimmern
c) Akute Herzinfarktgefahr

17. *Wie würden Sie selbst Ihre körperliche Konstitution beurteilen?*
a) Ziemlich robust – mich haut so schnell nichts um
b) Durchschnittlich: Könnte besser, aber auch schlechter sein
c) Eher labil: In den vergangenen Wochen war ich leider ständig erkältet

18. *Sie haben sich eine mittelschwere Grippe eingefangen und von Ihrem Hausarzt eine Woche Schonzeit verordnet bekommen. Bereits nach drei Tagen fühlen Sie sich jedoch schon wieder fit, und das Nichtstun langweilt Sie entsprechend. Bleiben Sie trotzdem brav zu Hause, um sich Ruhe zu gönnen?*
a) Na ja. Ich schone mich zwar weiterhin, schlafe viel, wage aber auch schon mal kleine Spaziergänge an der frischen Luft
b) Nein, wenn ich mich wirklich gesund fühle, gibt es keinen Grund, das Bett zu hüten – sonst macht mein Kreislauf irgendwann schlapp
c) Auf jeden Fall. Eine Grippe muss richtig auskuriert werden, damit sie nicht verschleppt wird und dann vielleicht aufs Herz geht

Testauswertung

	a	b	c	
Frage 1	0	3	6	Punkte
Frage 2	3	6	0	
Frage 3	6	0	3	
Frage 4	3	0	6	
Frage 5	3	6	0	
Frage 6	6	0	3	
Frage 7	3	6	0	
Frage 8	0	6	3	
Frage 9	0	3	6	
Frage 10	6	3	0	
Frage 11	3	6	0	
Frage 12	6	0	3	
Frage 13	3	6	0	
Frage 14	0	3	6	
Frage 15	3	6	0	
Frage 16	0	6	3	
Frage 17	0	3	6	
Frage 18	3	0	6	

0 bis 33 Punkte
Es ist nicht ungefährlich, mögliche Alarmsignale zu ignorieren!

Ihr Körper ist in Ihren Augen ein anatomisches Gebilde, das einfach funktionieren muss. Von den genauen körperlichen Vorgängen wollen Sie lieber nichts wissen und von Krankheiten schon gar nicht, denn die machen Ihnen Angst. Deshalb verdrängen Sie alles, was weitläufig mit Gesundheit zu tun hat, und meiden jedes halbwegs medizinische Thema. Sobald Sie etwas an sich selbst beobachten, was Ihnen irgendwie suspekt erscheint, tun Sie es als vorübergehende Störung ab und unterdrücken mögliche Alarmsignale. Um Vorsorgeuntersuchungen und Routinechecks machen Sie ebenfalls lieber einen großen Bogen – da könnte ja schließlich Unschönes aus den «dunklen Tiefen Ihres Körpers» ans Tageslicht kommen. Doch Ihre Ignoranz gegenüber möglichen körperlichen Warnzeichen ist nicht unbedenklich! Vorbeugen ist immer noch besser als nachbehandeln und Früherkennung bei einigen ernsten Erkrankungen wesentliche Voraussetzung für eine langfristige Heilung. Wenn Sie sich beispielsweise bei der Computerarbeit plötzlich ganz benommen fühlen, wenn sich alles dreht, die Bilder auf dem Monitor flackern und Ihr Kopf hämmert, können das zwar «nur» die Folgen von Stress und Überarbeitung sein, aber auch die typischen Symptome einer vorübergehenden Durchblutungsstörung, die zu einem Schlaganfall führen kann. Suchen Sie in diesem Falle also unbedingt einen Arzt auf! Denn besser, Sie gehen einmal zu viel zum Arzt als einmal zu wenig. Auch Blähungen, Völlegefühl, Schmerzen oder Durchfälle können sowohl Anzeichen eines Reizdarmsyndroms sein – also einer relativ harmlosen funktionellen Störung – als auch Hinweise auf eine ernste Erkrankung, etwa eine akute oder chronische Blind- bzw. Dickdarmentzündung. Auf keinen Fall harmlos ist auch der von Laien häufig als vorübergehendes Stress-Symptom unterschätzte Tinnitus; das nervige Klingeln, Piepen, Sausen, Brummen oder Rauschen ist nämlich oft nicht nur eine subjektive Wahrnehmung ohrnaher Geräusche, sondern kann vielfältige Ursachen haben – u. a. einen Hörsturz oder eine gefährliche Erkrankung im Innenohr mit einer nachhaltigen Störung des Gleichgewichtsinns!

Hinter vielen physischen Symptomen stehen übrigens psychische Probleme: Ist die Seele krank, schlägt sich das auch auf den Körper nieder. So können Nackenverspannungen oder Rückenschmerzen vielleicht ein körperlicher Hinweis darauf sein, dass man sich zu viel «auf die Schultern geladen» oder «aufs Kreuz gebunden» hat. Auch plötzlich auftretende Allergien, Ausschläge (Ekzeme) oder andere Hautprobleme können auf eine gestörte innere Balance hinweisen. Denn nicht selten ist die Haut tatsächlich ein Spiegel unserer Seele.

Gehen Sie künftig also etwas behutsamer mit Ihrem Körper um und – vor allem – achten Sie auf seine (Warn-)signale. Denn manchmal weiß Ihr Körper besser als der Kopf, was er für sein Wohlbefinden benötigt.

36 bis 72 Punkte
Sie haben Ihren Körper und seine Funktionen ganz gut unter Kontrolle, stärken Sie ihn nun als Einheit

Sie haben ein gesundes Körperbewusstsein! Sie kennen Ihren Körper und verstehen seine Sprache, das heißt, Sie registrieren rechtzeitig mögliche Warnsignale und können sie richtig einschätzen. Weil Sie auf Ihren Körper hören, haben Sie etwaige Vorboten einer Krankheit gut unter Kontrolle. Vorsorguntersuchungen sind für Sie selbstverständlich. Deshalb können Sie eventuelle Abweichungen vom Normalzustand relativ rasch orten und dementsprechend handeln. Sie versuchen zwar, nicht gleich in Panik zu geraten, wenn Sie sich mal unwohl fühlen, aber wenn Sie ein körperliches Symptom wirklich beunruhigt, wollen Sie der Sache richtig auf den Grund gehen.

Bedenken Sie aber, dass die Ursachen möglicher Beschwerden nicht immer dort zu suchen sind, wo sie sich äußern. Ihr Körper spiegelt immer auch Ihr Innenleben wider. Sind Sie zum Beispiel «schlecht drauf», drücken das Ihre inneren Organe, Ihre Haut und/oder Ihr Bewegungsapparat aus – manchmal sogar deutlicher, als Ihnen lieb ist. So protestiert vielleicht Ihr Magen, sprießen Pickel oder verkrampft sich die Nackenmuskulatur, weil Sie sich heftig über etwas geärgert haben oder unter starkem Stress stehen. Wie komplex unser Körper funktioniert und wie scheinbar unabhängige Vorgänge doch miteinander verknüpft sind, zeigt auch ein anderes Beispiel: Wenn der Kopf schmerzt, können diese Schmerzen unter Umständen sogar von einem verdrehten Knie ausgelöst worden sein. Wie das? Das verdrehte Knie führt zu einer Schonhaltung des Gelenks. Diese angespannte Haltung wirkt sich wiederum auf die Sehnen, Bänder und Muskeln aus, die mit dem Becken verbunden sind. Auch das Becken reagiert auf diese Fehlstellung und überträgt seine Fehlhaltung auf die Wirbelsäule, die ebenfalls ihre Haltung verändert. Weil an der Wirbelsäule die Kopfgelenke ansetzen, wird auch die Kopfhaltung beeinträchtigt. Das bedeutet, die Halsmuskeln müssen die veränderte Körperhaltung ausgleichen – und verspannen. Als Folge dieser Verspannung können Blutgefäße im Kopf eingeengt werden, was schließlich zur Minderdurchblutung bestimmter Hirnbereiche und damit zu Kopfschmerzen führt.

Auf den Punkt gebracht: Betrachten Sie den menschlichen Körper als eine Einheit, die im Fluss sein muss, um den gesamten Organismus in Bewegung zu halten und die Versorgung der Zellen mit Nährstoffen zu gewährleisten. Wenn Sie das verinnerlicht haben, werden Sie sicher noch bewusster mit Ihrem Körper umgehen und dabei erkennen (falls Sie das nicht bereits wissen), dass ein intaktes Immunsystem der beste Schutz gegen mögliche Krankheiten ist. Wenn Sie also Ihren Körper gegen feindliche Krankheitserreger rüsten wollen, dann mobilisieren Sie seine natürlichen Abwehrkräfte! Neben Sport, regelmäßigen Saunabesuchen, Wechselduschen, einer gesunden Lebensweise und ausgewogenen, vitaminreichen Ernährung können Sie Ihre körpereigene Abwehr auch mit gezielter Nahrungsergänzung auf Trab bringen. So kann Zink die körpereigene Abwehr steigern und Magnesium bei Stress hilfreich sein – allerdings ist hier natürlich auf die richtige Dosierung zu achten. Selbstverständlich gibt es noch eine ganze Reihe anderer Mittel zum Ankurbeln des Immunsystems. Bedenken Sie jedoch: Alles, was wirkt, hat auch immer eine Nebenwirkung. Lassen Sie sich also am besten von einem Arzt Ihres Vertrauens beraten.

75 bis 108 Punkte
Sie neigen dazu, selbst harmlose Symptome überzubewerten

Könnte es sein, dass Sie sich zu viele Gedanken um Ihre Gesundheit machen? Das erzielte Testergebnis zeigt jedenfalls, dass die körperliche Verfassung eine große Rolle in Ihrem Leben spielt. Sie neigen dazu, ständig in sich hineinzuhorchen und jedes winzige Signal als mögliches Symptom einer üblen Krankheit zu deuten. Diese Tendenz basiert nicht zuletzt auf Ihren guten Kenntnissen über Gesundheit und Medizin. Vermutlich sammeln Sie jede kleine medizinische Nachricht wie andere Briefmarken.

Das Problem ist nur: Je mehr Sie sich mit Krankheiten beschäftigen, desto kranker fühlen Sie sich! Denn um die gesammelten Daten richtig einordnen und analysieren zu können, fehlt Ihnen möglicherweise das vollständige Fachwissen. So ergeht es zum Beispiel den meisten Medizinstudenten in den ersten Semestern: Jedes potenzielle Krankheitssymptom wird am «lebenden Objekt» (sprich an sich selbst) überprüft – und nicht selten überinterpretiert. Bei der so genannten Hypochondrie (abnorm übersteigerte, wahnhafte Selbstbeobachtung) hält dieses Phänomen übrigens dauerhaft an. Bei Hypochondern werden selbst harmlose körperliche Vorgänge als Krankheit gedeutet und beeinträchtigen schließlich das Gesamtbefinden.

Lassen Sie es nicht so weit kommen! Und vor allem riskieren Sie nicht, dass Sie irgendwann so überlastet mit Sorgen um vermeintliche Symptome sind, dass Sie tatsächliche Alarmsignale im Ernstfall überhören. Mit einer gesunden Distanz zu potenziellen Krankheiten, mit denen Sie indirekt durch die Medien oder direkt durch Ihre Umwelt konfrontiert werden, schützen Sie sich vor einer möglichen Überbewertung relativ «harmloser» Zeichen und dem eventuellen Unterschätzen tatsächlicher Risiken.

Eine gesunde Angst ist eine wichtige und sinnvolle Schutzfunktion unseres Körpers – eine krankhafte lähmende Angst hingegen schwächt das natürliche Abwehrsystem, weil sich der Körper in ständiger Alarmbereitschaft befindet und seine Kräfte permanent mobilisiert, statt sie nur im Ausnahmefall zu aktivieren. Der Angst vor Krankheiten auf den Grund zu gehen bedeutet, sich mit den unterschiedlichen Faktoren auseinander zu setzen, die sie möglicherweise ausgelöst haben: zum Beispiel eine grundsätzliche Ängstlichkeit, Depressionen, Zwangsvorstellungen oder eine veränderte soziale Situation.

Achten Sie also ruhig weiterhin gut auf Ihren Körper, aber geraten Sie nicht bei jedem kleinen Symptom gleich in Panik, sondern versuchen Sie zunächst betont gelassen zu bleiben und Ihre Beobachtung mit einem echten bzw. anderen Medizinexperten zu besprechen! Wie wär's beispielsweise mit Ihrem Hausarzt?

Wie stark ist Ihre erotische Ausstrahlung?

Manche Frauen scheinen Herzen im Sturm zu erobern und das Interesse der Männer magisch anzuziehen: Ein Lächeln von ihnen genügt, schon wird das starke Geschlecht schwach und kriegt weiche Knie. Andere hingegen können tun, was sie wollen, sich betont verführerisch geben, sich in die gewagtesten Outfits werfen – und hinterlassen beim Objekt ihrer Begierde dennoch keinen bleibenden Eindruck. Sexappeal ist also nur vordergründig eine Sache der Optik: Eine positive Ausstrahlung fasziniert mehr als perfektes Aussehen. Und natürlicher Charme, ungekünsteltes Selbstbewusstsein sowie unverfälschte Sinnlichkeit wirken anregender als zur Schau gestellte Schönheit. Wer sich selbst attraktiv findet – selbst mit ein paar Pfunden zu viel auf den Hüften –, vermittelt auch nach außen ein gutes Selbstwertgefühl. Das wirkt sexy! Zu einer erotischen Ausstrahlung gehören aber auch ein sicheres Körpergefühl und ein unverkrampfter Umgang mit Sexualität. Mit diesem Test finden Sie heraus, wie anziehend Sie auf das männliche Geschlecht wirken.

1. *Dunkle Haare und milchkaffeebraune Haut – was ist Ihrer Meinung nach dran an dem Klischee, dass exotische Frauen erotischer und sinnlicher sind als andere?*

a) Stimmt, leider – weil Männer besser sehen als denken können
b) Das kommt wohl mehr auf den Typ Frau als auf Haut- und Haarfarbe an
c) Nein. Solche dämlichen Sprüche basieren doch nur auf eindimensionalen Männerphantasien

2. *Kennen Sie das: Sie betreten ein Restaurant oder Café – und spüren, wie die Blicke der anderen Gäste förmlich an Ihnen kleben?*

a) Oh ja, und ehrlich gesagt genieße ich das jedes Mal!

b) So etwas passiert mir eigentlich nur, wenn ich mich besonders hübsch mache
c) Das habe ich schon erlebt, vor allem, wenn ich mich richtig gut fühle

3. *Was denken Sie, worauf schauen Männer bei Frauen zuerst, das heißt, wohin zielt ihr erster Blick?*
a) Auf Augen und Mund
b) Auf Busen und Po
c) Auf Haare und Beine

4. *Ihre Selbsteinschätzung ist gefragt: Machen Sie beim Tanzen eine gute Figur?*
a) Keine Ahnung, ich kann mich beim Tanzen ja schlecht selbst beobachten
b) Nach meinem Gefühl schon, jedenfalls tanze ich leidenschaftlich gern
c) Nach den Blicken der anderen zu urteilen, scheine ich mich ganz gut bewegen zu können

5. *Lassen Sie Ihre Phantasie spielen. Was könnte zum Beispiel Ihr Chat-Name im Internet sein?*
a) Der Name meiner Lieblingsschauspielerin oder einer berühmten Filmfigur wie «Scarlett»
b) Etwas Geheimnisvoll-Exotisches im Stil von Miss Butterfly oder Cleopatra
c) Ein Wortspiel wie zum Beispiel «Lady Chatter-Field» oder etwas Witziges wie «Cybernanny»

6. *Wie genießen Sie Ihr Wannenbad am liebsten?*
a) Mit vielen Kerzen, sanfter Musik und duftenden Essenzen
b) Mit Quietsche-Ente oder spannendem Lesestoff – und viel Schaum
c) Eigentlich dusche ich lieber

7. *Zu welcher Reizwäsche würden Sie greifen, um einen Mann zu verführen?*
a) Zum Klassiker: schwarzer Spitzen-BH, passender Slip, schwarze Nylonstrümpfe und Strapse
b) Zu hautengem Latex oder einem sündig roten, durchsichtigen Negligé
c) Zu raffiniert geschnittenen Seiden-Dessous oder zu nichts als einem Hauch Chanel N° 5

8. *Erinnern Sie sich an Ihre Zeit als Teenager: Wie kamen Sie zu Ihren ersten romantischen Verabredungen?*
a) Das entwickelte sich innerhalb der Clique oder über meine beste Freundin
b) Meistens fragten mich die Jungs, ob ich mit ihnen ausgehen würde
c) Ganz einfach: Ich rief meinen Schwarm an und bat ihn um ein Date

9. *Egal wie's war: Das erste Mal vergisst man nicht. Wie erlebten Sie Ihre sexuelle Premiere?*
a) Etwas enttäuschend, irgendwie hatte ich es mir viel beeindruckender vorgestellt
b) Eher ernüchternd. Aber im Prinzip hatte ich nichts anderes erwartet
c) Eigentlich ganz schön – romantisch, zärtlich und in jeder Hinsicht sehr gefühlvoll

10. *Was sehen Sie, wenn Sie sich nackt im Spiegel betrachten?*
a) Einen Durchschnittskörper – mit Stärken und Schwächen
b) Einen Body, der im Großen und Ganzen ganz gut in Form ist
c) Weibliche Rundungen und das eine oder andere Fettpölsterchen

11. *Aufgrund welcher Charakterzüge würden Sie bei anderen Menschen gerne in guter Erinnerung bleiben?*

a) Wegen meines warmherzigen Wesens, meiner Lebensfreude und meines Humors
b) Wegen meiner Persönlichkeit und meiner «Aura» – sprich meiner inneren und äußeren Schönheit
c) Wegen meiner Kreativität, meiner Intelligenz und nachhaltigen Erfolge

12. *Mit welchen Altersgenossen haben Sie in Ihrer Jugend die meiste Zeit verbracht?*
a) Mit Jungen
b) Mit Mädchen
c) Mit «Jungs und Mädels»

13. *Wie reagieren die meisten Menschen in Ihrer Gegenwart, wenn Sie herzhaft lachen?*
a) Leicht irritiert
b) Sie lachen mit
c) Ich lache eher dezent

14. *Was passiert, wenn Sie eine Zeit lang sexuell enthaltsam leben?*
a) Der «Liebeshunger» wächst langsam, aber stetig – mit der Aussicht, dass er bald gestillt wird
b) Ziemlich rasch folgt ein gewaltiger Rausch der Sinne – Leidenschaft pur!
c) Dann verliere ich völlig die Lust auf Sex und vermisse bald eigentlich gar nichts mehr

15. *Welche der folgenden Begriffe sind für Sie am stärksten mit erotischem Empfinden verbunden?*
a) Vertraut, Berührung, Geborgenheit, Liebe, Harmonie
b) Verborgen, verspielt, erspüren, ergründen, verschmelzen
c) Fremd, Spannung, Erregung, Kämpfen, Erobern

Testauswertung

	a	b	c	
Frage 1	3	6	0	Punkte
Frage 2	3	0	6	
Frage 3	6	3	0	
Frage 4	0	6	3	
Frage 5	0	3	6	
Frage 6	6	3	0	
Frage 7	0	3	6	
Frage 8	0	6	3	
Frage 9	3	0	6	
Frage 10	0	3	6	
Frage 11	6	3	0	
Frage 12	3	0	6	
Frage 13	3	6	0	
Frage 14	6	3	0	
Frage 15	0	6	3	

0 bis 27 Punkte
Ihr Sexappeal «funktioniert» eher subtil

Männer mit körperlichen Reizen zu umgarnen ist nicht Ihr Stil. Gerade in Sachen Erotik setzen Sie auf Diskretion und eher dezente Akzente. Nichts liegt Ihnen ferner als offensiver Sex(-appeal). Dass Sie ohne Umschweife zur Sache kommen, sich auffallend sexy stylen und extensiv flirten, kann man(n) von Ihnen nicht erwarten. Wundern Sie sich also nicht, wenn Ihre bewusste Zurückhaltung auf manche Männer leicht distanziert bis betont reserviert wirkt, mitunter sogar unnahbar.

Doch kein Grund, an Ihrer Weiblichkeit zu zweifeln: Diese nach außen hin demonstrierte sexuelle Passivität kann besonders reizen! Einige Männer fühlen sich von scheinbar schüchternen Frauen erst recht herausgefordert. Unterkühlter Sexappeal wirkt provozierend – dessen sollten Sie sich bewusst sein. Da Ihre erotische Ausstrahlung eher subtiler Natur ist, erreicht sie vor allem jene Männer, die weiter denken können, als ihre Augen sehen. Falls Sie allerdings das Gefühl haben, dass Ihre erotische Anziehungskraft ausgerechnet bei denen versagt, die Sie nachhaltig beeindrucken wollen, die Ihnen besonders am Herzen liegen und deren Urteil Ihnen nicht unwichtig ist, sollten Sie etwas in die Offensive gehen. Lassen Sie Ihren Charme spielen, geben Sie sich aufgeschlossen und interessiert, und setzen Sie Ihre Erotik spielerisch ein.

Ein geübter Augenaufschlag im entscheidenden Moment, ein verführerisches Lächeln, laszives Beine-übereinander-Schlagen und eine Haarsträhne, die langsam hinters Ohr gestrichen wird, können manchmal wahre Wunder wirken. Üben Sie diese kleinen, aber feinen Gesten ruhig zu Hause vor dem Spiegel. Wichtig ist, dass sie im entscheidenden Moment möglichst natürlich und unverkrampft wirken. Das Üben vor dem Spiegel kann Ihnen auch helfen, an Selbstsicherheit zu gewinnen. Ein gutes Körpergefühl ist ebenfalls erlernbar – zum Beispiel durch Sport. Vor allem beim Tanzen werden harmonische Bewegungsabläufe trainiert. Dabei haben Frauen übrigens einen klaren Heimvorteil: Die meisten Männer sind eher schwache Tänzer – mit einer großen Bewunderung für starke Frauen, die tanzen können.

30 bis 57 Punkte
Ihre Ausstrahlung könnte auf manche Männer aggressiv wirken

Sexy, sinnlich, selbstbewusst – so wirken Sie Ihrer Ansicht nach auf Männer. Und so geben Sie sich auch. Zeigefreudig, wie Sie sind, geizen Sie nicht mit Ihren Reizen. Sie finden sich selbst schön und begehrenswert, genießen es, im Mittelpunkt zu stehen. Sie lieben die Provokation, und Sie lieben Sex. Das am liebsten ganz direkt, ohne viel Firlefanz und Drumherumgerede. Genau das, denken Sie, ist es auch, was Männer mögen. Ihre Attraktivität unterstreichen Sie gerne mit gewagten Outfits und «extrascharfem» Styling. Damit signalisieren Sie aber auch, dass Sie leicht zu haben sind – und riskieren, dass der Schuss eventuell nach hinten losgeht. Denn Ihr betont offensives Auftreten kann auf manche Männer ziemlich aggressiv wirken und besonders schüchterne Vertreter des starken Geschlechts möglicherweise in die Flucht schlagen. Außerdem reizt Ihr ausgeprägter Sexappeal nicht automatisch den Jagdtrieb im Manne. Laut Umfragen wollen die meisten Männer nämlich immer noch – Emanzipation hin oder her – lieber selbst erobern als erobert werden, lieber den «schweren Fang» als die «leichte Beute«. Das Glücksgefühl ist nun mal größer, wenn der Weg zum Erfolg recht beschwerlich war.

Natürlich gibt es auch genügend Männer, die selbstsichere, flirtwillige Frauen zu schätzen wissen. Die Frage ist nur: aus welchen Motiven? Vielleicht weil sie glauben, mit offensichtlichen Vamps leichteres Spiel zu haben als mit nicht minder attraktiven aber – in ihrem ganzen Auftreten – deutlich reservierteren Frauen? Und weil sie vielleicht «nur» auf ein kurzes Abenteuer, auf schnellen Sex aus sind? Wenn auch Sie beim Flirten nicht die große Liebe suchen, sondern in erster Linie einen Mann fürs Bett, und wenn Ihnen das Spiel mit Ihren Reizen einfach nur Spaß macht – weil Sie es lieben, bestaunt und bewundert zu werden –, dann ziehen Sie mit Ihrer betont starken erotischen Ausstrahlung genau die (für Sie) richtigen Männer an. Genießen Sie das. Ansonsten könnten Sie ja mal ausprobieren, bei der «Akquisition» des nächsten Mannes etwas weniger forsch vorzugehen ...

57 bis 90 Punkte
Man(n) kann Ihnen kaum widerstehen

In Ihnen steckt eine wahre Sexbombe! Wie? Das wussten Sie nicht? Kaum verwunderlich, denn genau das macht Ihren Sexappeal aus! Sie sind sich Ihrer erotischen Ausstrahlung zwar vage bewusst, werden aber immer wieder von Zweifeln geplagt. So erscheinen Ihnen andere Frauen attraktiver, verführerischer und begehrenswerter als Sie selbst. Im Prinzip sind Sie mit sich selbst zwar schon ziemlich zufrieden, aber gelegentlich sind Sie sich nicht wirklich darüber im Klaren, ob Männer das auch so sehen. Entsprechend unbedarft begegnen Sie dem vermeintlich starken Geschlecht. Sie haben es gar nicht nötig, sich zu verstellen oder sich betont sexy zu geben. Sie sind es einfach! Dank Ihrer natürlichen Ausstrahlung und Ihres sprühenden Charmes üben Sie auf Männer eine besondere Faszination aus – ohne dass diese oft selbst wissen, was konkret sie derart an Ihnen beeindruckt. Ihre Stimme? Ihr Lächeln? Ihr Gang? Jedenfalls spüren einigermaßen sensible Männer, dass Ihr Körper Seele hat! Ihre Warmherzigkeit strahlt nach außen. Sie verkörpern Weiblichkeit, Sinnlichkeit sowie dezente Erotik. Und das zieht fast jeden Mann in Ihren Bann. Kein Wunder, wenn Sie sich manchmal kaum vor Verehrern retten können. Diese ungekünstelte und – gerade deshalb – starke erotische Ausstrahlung unterstreichen Sie durch mehr oder weniger bewusste Gesten. Sie spielen mit Ihren Reizen, ohne mit den Menschen zu spielen. Denn Gefühle sind Ihnen heilig! Und Sie kennen den gewissen Unterschied zwischen Erotik und Sex: Sie wissen, dass Verborgenes und Verhülltes meist erregender wirkt als nackte Tatsachen. Ihre wichtigsten Regeln im Spiel mit der Liebe: Nie sofort alles zeigen, sondern Platz für die Phantasie lassen, nie gleich aufs Ganze gehen, sondern erst mal locken und reizen und nie laut das Wörtchen «nie» aussprechen ...

Fühlen Sie sich wohl in Ihrer Haut?

Man sieht, wer seinen Körper liebt: Ein gutes Körpergefühl äußert sich in natürlicher Ausstrahlung, harmonischen Bewegungen, purer Sinnlichkeit. Ein paar Speckröllchen und Fältchen können diese Anziehungskraft nicht schwächen. Denn wer mit sich und seinem Aussehen zufrieden ist, kann auch mit sichtbaren Schönheitsmakeln Blicke auf sich ziehen – Kurven und Rundungen sind nun mal (vor allem für Männer) interessanter als Körperfettwerte, Muskeltonus und Body-Mass-Index. Allerdings gehört zu einer positiven Körpereinstellung auch eine gesunde Portion Selbstdisziplin: Nur wer seinen Körper nicht ständig unter- oder überfordert, fühlt sich langfristig wohl in seiner Haut.

1. *Gemeinsam mit Ihrer besten Freundin gönnen Sie sich einen luxuriösen Wellness-Tag in einem exklusiven Spa-Center. Höhepunkt des Verwöhnprogramms: eine 50-minütige Ganzkörpermassage. Als Sie hüllenlos auf der Relaxbank liegen, begrüßt Sie «Ihr persönlicher Masseur»: ein blendend aussehender, braun gebrannter Muskelmann. Was geht Ihnen bei seinem Anblick spontan durch den Kopf?*

a) «Wahnsinn! Mögen diese 50 Minuten niemals enden ...»
b) «Hilfe! Hoffentlich habe ich keine Pickel auf dem Rücken. Wenn ich das vorher gewusst hätte ...»
c) «Augen zu und durch! Jetzt nur nicht verkrampfen, sondern fallen lassen und genießen ...»

2. *Welche Urlaubsfotos von sich selbst mögen Sie am liebsten?*

a) Alle, auf denen ich schön braun, superschlank und gut erholt aussehe – das sind nur leider nicht viele
b) Bilder, die mit der Erinnerung an eine besonders schöne Zeit verbunden sind
c) Spontane Schnappschüsse, weil die nicht so gekünstelt wirken

3. *Was halten Sie ganz allgemein von Schönheitsoperationen?*

a) Bei Menschen mit mangelndem Selbstbewusstsein können sie wahre Wunder wirken
b) Wenig – außer aus medizinischen Gründen, zum Beispiel nach einem schweren Unfall
c) Finde ich total in Ordnung, warum soll man der Natur nicht ein wenig auf die Sprünge helfen?

4. *Angenommen, Sie dürften sich selber kostenlos einer Schönheitsoperation unterziehen. Für welchen Eingriff würden Sie sich entscheiden?*

a) Für keinen, ich würde freiwillig verzichten!
b) Ich würde mir ein wenig Fett absaugen lassen
c) Eine leichte Gesichtskorrektur – etwa meine Nase verschönern oder Fältchen unterspritzen lassen

5. *Eine Freundin schwärmt Ihnen von einer neuen Anti-Cellulite-Creme vor, die alle vergleichbaren Produkte angeblich in den Schatten stellt. Das «kleine Wunder» hat jedoch einen stolzen Preis. Für den Gegenwert der Creme könnten Sie sich locker ein neues Outfit leisten. Was machen Sie?*

a) Mir die Creme trotzdem kaufen – straffe Oberschenkel sind wichtiger als neue Klamotten!
b) Sport ... und meiner Freundin sagen, dass jede Anti-Cellulite-Creme Geldverschwendung ist!
c) Mich durch einen Blick auf die Schenkel meiner Freundin erst mal selbst vom Ergebnis überzeugen

6. *Hand aufs Herz: Haben Sie sich schon mal massenhaft mit Kleidern eingedeckt, die Sie kurz nach dem Kauf wieder umgetauscht haben?*

a) Nicht, dass ich mich erinnern könnte
b) Ja, schon öfters
c) Wahre «Massen» habe ich zwar noch nie umgetauscht, aber hin und wieder einzelne Stücke

7. *Eine hochschwangere Frau steht nackt vor einem Spiegel und betrachtet sich ... Visualisieren Sie mit geschlossenen Augen dieses Bild und lassen es einen Moment auf sich wirken, bevor Sie folgende Frage beantworten. Was denkt diese Frau?*

a) «Kaum zu glauben, wie schnell dieser kleine Mensch gewachsen ist ...»
b) «Wie ich wohl nach der Schwangerschaft aussehen werde?»
c) «Nie war ich schöner ...»

8. *Wenn Sie sich optisch mit Ihren Freundinnen vergleichen, wer schneidet dann besser ab?*

a) Das hängt von meiner Tagesform ab
b) Meistens die anderen
c) Eigentlich fast immer ich

9. *Gemischte Sauna – für Sie ein Problem?*

a) Nein, wieso?
b) Wenn ich dort zufällig einen Arbeitskollegen treffen könnte, schon
c) Deutlich wohler fühle ich mich in einer reinen Frauensauna

10. *Sie haben mit Ihrem Partner in vollen Zügen ein opulentes Abendessen genossen. Wie geht es Ihnen danach?*

a) Oberflächlich ganz gut, allerdings habe ich ein bisschen ein schlechtes Gewissen
b) Nicht so gut, ich verspüre vermutlich eine leichte Übelkeit
c) Phantastisch! Vorausgesetzt, dass es gut geschmeckt hat

11. *Ganz ehrlich: Wie oft geht die Initiative beim Sex von Ihnen aus?*

a) Ziemlich oft, eigentlich habe ich ständig Lust – außer wenn ich sehr gestresst bin
b) Das schwankt – manchmal will ich mich eigentlich lieber verführen lassen
c) Eher selten, Sex ist mir einfach nicht so wichtig

12. *Vervollständigen Sie diesen Satz: «Körperliches Wohlbefinden ...*
a) ... ist nur im Einklang mit Seele und Geist möglich»
b) ... erlangt man mit viel Sport, einem gesunden Lebenswandel und einer ausgewogenen Ernährung»
c) ... stellt sich ein, wenn man sich von allen äußeren Zwängen erfolgreich befreien konnte»

13. *Nehmen Sie sich regelmäßig die Zeit, sich mit ausgewählter Kosmetik zu verwöhnen?*
a) Schon, aber bevor ich meinen Körper verwöhne, muss er erst etwas leisten!
b) Ja, etwa einmal wöchentlich nehme ich mir bewusst Zeit, um meinem Körper etwas Gutes zu tun
c) Leider zu wenig, dafür fehlt mir meist die nötige Muße (und das nötige Geld)

14. *Kennen Sie Ihren Body-Mass-Index?*
a) Auf Anhieb nicht, ich müsste ihn erst mal errechnen
b) Ja, selbstverständlich
c) Nein. Was ist das?

15. *Einladung zum sommerlichen Betriebsausflug: Am Ende des Informationsblatts steht: «Bitte Badesachen mitbringen!» Ihr erster Gedanke?*
a) Wie peinlich! Ich werde mich an diesem Tag krankmelden!
b) Mal was anderes. Das wird bestimmt ganz witzig
c) Ich muss mir schnell noch einen neuen Bikini zulegen

Testauswertung

	a	b	c	
Frage 1	6	0	3	Punkte
Frage 2	0	3	6	
Frage 3	3	6	0	

Frage 4	6	3	0
Frage 5	0	6	3
Frage 6	6	0	3
Frage 7	3	0	6
Frage 8	3	0	6
Frage 9	6	3	0
Frage 10	3	0	6
Frage 11	6	3	0
Frage 12	3	0	6
Frage 13	0	3	6
Frage 14	3	0	6
Frage 15	0	6	3

0 bis 27 Punkte
Designen Sie Ihren Körper nicht nach Wunschvorstellungen, sondern lieben Sie ihn so, wie er ist

Wirklich schön sind in Ihren Augen nur die anderen. Und weil Ihnen gutes Aussehen sehr wichtig ist, fühlen Sie sich entsprechend unwohl in Ihrer Haut. Vor allem mit Ihrem Körper sind Sie unzufrieden: Die Oberschenkel zu dick, der Bauch zu rund, die Taille zu unförmig, der Busen zu klein – so oder ähnlich lautet Ihr Selbsturteil, wenn Sie sich mal wieder mit irgendwelchen Traumbildern vergleichen. Damit stehen Sie übrigens nicht allein da. Viele Frauen fühlen sich heute körperlich minderwertig im Vergleich zu den (unerreichbaren) Schönheitsidealen, die uns tagtäglich in den Medien vor Augen geführt werden: Ständig strahlen perfekt proportionierte Schönheiten von Werbeplakaten und Kinoleinwänden, lächeln wohlgeformte Beautys aus allen Fernsehkanälen, schweben gertenschlanke bis spargeldünne Top-Models über die Laufstege dieser Welt. Alles ist superschön, top in Form und megagut drauf. Doch erstens ist das nicht die Realität, sondern eine hochstilisierte Scheinwelt, und zweitens ist äußerst fraglich, ob diese Ideale wirklich erstrebenswert sind. Wie diese Menschen im wahren Leben aussehen, ohne kosmetische «Kniffe» und technische Tricks, wird selten gezeigt. Schließlich würde das die schönen Träume zerstören – und die Kauflust hemmen. Doch das Leben ist keine Seifenoper!

Hören Sie auf zu träumen! Und geben Sie es auf, Ihren Körper nach Ihren Vorstellungen designen zu wollen. Hat er es wirklich verdient, ständig mit Diäten, Fitness-Folter und Kosmetik-Torturen gepiesackt zu werden? Schluss mit der Quälerei! Versuchen Sie es stattdessen mit ausgewogener Ernährung, Gesundheitssport und der inneren Einstellung, Ihren Körper so zu lieben, wie ihn die Natur geschaffen hat. Das heißt, sich selbst möglichst objektiv zu betrachten – ohne realitätsferne Idealbilder ständig zum Vergleich heranzuziehen.

Haben Sie sich schon einmal gefragt, ob Ihre Selbstwahrnehmung vielleicht gar nicht dem Bild entspricht, das andere von Ihnen haben? Dass Ihre subjektive Sichtweise getrübt und Sie sich selbst gegenüber gnadenlos sind? Dass Sie in den Augen Ihrer Mitmenschen bereits das sind, was Sie so gern sein wollen – schön und begehrenswert? Ein kleiner, aber hilfreicher Tipp: Stellen Sie sich mal – auch wenn es Ihnen nicht ganz leicht fällt – nackt vor einen großen Spiegel und gehen Sie dann auf Entdeckungsreise. Fahnden Sie ganz gezielt nach Körperstellen, die Sie besonders schön an sich selbst finden. Keine Bange: Unter Garantie werden Sie etwas finden.

Gehen Sie in einem nächsten Schritt auf die Suche nach Ihrer inneren Schönheit: Schreiben Sie sich auf einem Blatt Papier alle Charaktereigenschaften auf, die Sie persönlich auszeichnen – als Mensch und als Frau. Das Ziel heißt: Sich selbst lieben lernen! Eine liebevolle Einstellung zu sich selbst ist noch längst kein Narzissmus, sondern die Grundvoraussetzung, um sich selbst zu respektieren. Denn das, was Sie suchen – Selbstbestätigung, Anerkennung, Zuneigung, Geborgenheit –, können Sie zum Teil bei sich selbst finden! Je zufriedener Sie mit sich sind, desto wohler werden Sie sich in Ihrer Haut fühlen und umgekehrt.

30 bis 60 Punkte
Sie sind zufrieden mit dem, was Ihre Gene Ihnen mitgegeben haben

Eigentlich sind Sie ganz zufrieden mit sich und Ihrem Körper. Klar entdecken Sie – selbstkritisch, wie Sie sind – beim prüfenden Blick in den Spiegel den einen oder anderen «Schönheitsmakel», doch ernsthafte Sorgen bereiten Ihnen diese winzigen Problemzonen nicht. Sollten Sie auch nicht, denn gerade die kleinen Unzulänglichkeiten und besonderen Merkmale runden eine Persönlichkeit ab und formen Menschen zu Individuen. Schlanke Taille, schmale Hüfte, üppiger Busen gelten in einer männerdominierten Medienwelt noch immer als (äußerst fragliches) Schönheitsideal. Dass kaum eine Frau von Natur aus mit einem knabenhaften Unterbau und einem zugleich ausladenden Oberkörper ausgestattet ist, interessiert dabei nicht.

Gut, dass Sie sich von solchem Schablonendenken weitgehend freimachen konnten. Sie sind ganz glücklich mit dem, was Ihre Gene Ihnen mit auf den Lebensweg gegeben haben. Sport finden Sie zwar wichtig, eine gesunde Ernährung kommt auch nicht zu kurz, doch der Spaß am Leben bleibt bei Ihnen ebenfalls nicht auf der Strecke. Sie rackern sich im Fitnessclub nur dann lästige Pfunde ab, wenn Ihnen das zumindest auch ein bisschen Spaß bringt. Schließlich halten Sie sich nicht nur der Schönheit wegen in Form, sondern vor allem der Gesundheit zuliebe. Sie wissen, dass jene Schönheit, die uns in der Werbung vorgegaukelt wird, nicht dem wirklichen Leben, sondern der Phantasie cleverer Marketingexperten entspringt: In Wahrheit helfen neben Silikon-Einlagen farbige Kontaktlinsen, falsche Haarteile, fingerdickes Make-up und nicht zuletzt die digitale Bildbearbeitung am Computer der Schönheit auf die Sprünge. So etwas haben Sie nicht nötig! Sie akzeptieren sich im Großen und Ganzen so, wie Sie sind. Zwar hätten Sie hier und da kleine Änderungswünsche, aber das lässt Sie weder hungern noch sich selbst kasteien.

Sie haben ein gesundes Verhältnis zu Ihrem Körper und eine gute Selbstwahrnehmung. Ihr unverkrampfter Umgang mit Ihrem «Body» resultiert aus dem Bewusstsein, das alles Körperliche etwas ganz Natürliches ist. Auch splitternackt fühlen Sie sich deshalb noch wohl in Ihrer Haut, ohne sie ständig zur Schau stellen zu müssen. Diese äußere (durchaus positive!) Selbstgefälligkeit spiegelt sich auch in Ihrer Körpersprache wider: Ihre ganze Ausstrahlung signalisiert, dass Sie gerne in Ihrer Haut stecken. Also: Pflegen Sie sich gut, und schieben Sie keine faulen Ausreden vor, wenn Ihnen in besonders stressigen Zeiten Job, Partner und/oder Familie angeblich keine Zeit lassen, sich um Ihren Körper zu kümmern. Denn manchmal neigen Sie dazu, sich lieber auf die faule Haut zu legen, statt sich zu schweißtreibenden Aktivitäten zu motivieren. «Aus der Haut fahren» muss nicht immer negativ gemeint sein, sondern kann auch bedeuten, eine Bewegungsstarre zu lösen und mobil zu werden. Nehmen Sie sich bewusst Zeit für körperlichen Ausgleich. Denn Sie fühlen sich nur dann wirklich wohl, wenn Sie in Bewegung sind und aktiv etwas für Ihr Äußeres tun. Sport ist übrigens nicht nur das beste Mittel gegen Stress, sondern auch der beste Garant, um anhaltend in Form zu bleiben – bis ins hohe Alter.

63 bis 90 Punkte
Sie genießen Ihr Leben ohne tägliches Kalorienzählen und Selbstkasteien

Ein paar Kilos zu viel auf der Waage? Ein paar sichtbare Fältchen um die Augen? Neue graue Strähnen im Haar? Kein Problem für Sie, denn Sie akzeptieren sich so, wie Sie sind! Um diese Lässigkeit in Sachen Aussehen werden Sie von vielen beneidet. Und während andere im Fitness-Studio schwitzen, täglich Kalorien zählen, teure Anti-Aging-Pillen schlucken und Unsummen für teure Kosmetik ausgeben, genießen Sie einfach Ihr Leben. Ein tolles Essen, ein schöner Urlaub, ein feuchtfröhlicher Abend mit Freunden – das alles ist Ihnen tausendmal lieber als optimale Körperfett-Werte und ein überdurchschnittlicher Körper-Masse-Index.

Sie hadern nicht mit Fettpölsterchen und kleinen Schönheitsfehlern, sondern stehen als Vollweib zu Ihrem Wohlfühlgewicht. Und das sieht man(n)! Weil Sie im Einklang mit Ihrem Körper leben, strahlen Sie Sinnlichkeit aus. «Weich und weiblich» – diese zwei Attribute treffen wahrscheinlich hundertprozentig auf Sie zu und kommen Männern bei Ihrem Anblick vermutlich spontan in den Sinn. Denn natürliche Anmut wirkt nun mal ohne große kosmetische oder modische Hilfsmittel ...

Trotzdem lassen Sie sich nicht gehen: Da Sie Ihren Körper lieben, pflegen Sie ihn auch. Und verwöhnen ihn – mal mit einer duftenden Körperlotion, einem entspannenden Ölbad oder einem sanften Peeling. Die Pflege und Aufmerksamkeit, die Sie Ihrem Körper schenken, spiegelt Ihre Haut wider: Ihrem Teint sieht man förmlich an, wie zufrieden Sie mit sich sind. Vor allem im Sommer laufen Sie körperlich und seelisch zur Höchstform auf. Das geht zwar den meisten Menschen so, doch bei Ihnen fällt das Wintertief besonders ins Gewicht – im wahrsten Sinne des Wortes. In den kalten Monaten neigen Sie nämlich dazu, Aussehen und Fitness schleifen zu lassen. Dann bewegen Sie sich weniger und essen (noch) mehr als sonst. Das führt dann wiederum dazu, dass Sie sich nicht mehr ganz so wohl in Ihrer Haut fühlen – und aus Frust noch mehr essen. Gegen diesen Teufelskreis helfen dann nur die drei großen «S»: Sport, Spaß und Selbstdisziplin! Treten Sie sich im Winter also – bildlich gesprochen – öfters mal selbst in den Hintern. Das wird sich dann nicht nur positiv auf Ihre Laune, sondern auch auf Ihr Körpergefühl auswirken. Garantiert!

Wie gehen Sie mit Stress um?

Stress ist ein natürlicher Vorgang und ein lebenswichtiger Verteidigungsmechanismus. Allerdings ist Stress nicht gleich Stress! Positiver Stress, dem wir handelnd begegnen, gibt unserem Immunsystem einen aktiven Kick. Die richtige Nutzung dieser Stressenergie kann dann motivieren und unsere Leistungsfähigkeit erhöhen. Negativer Stress hingegen, den wir nur erleiden, statt ihm aktiv entgegenzuwirken, schwächt die körpereigene Abwehr. Denn wenn die frei werdende Energie nicht genutzt wird, richtet sie sich gegen den eigenen Körper. Geht die Stresssituation schnell vorüber, kann der Körper die negativen Auswirkungen der Mobilmachung noch auffangen. Bei Dauerbelastung entsteht jedoch eine permanente Alarmbereitschaft, die uns irgendwann überfordert – wenn die negative Energie nicht rechtzeitig abgeführt und die Ursache systematisch ergründet wird. Mit diesem Test stellen Sie fest, ob Sie sich selbst zu stark unter Druck setzen, sich leicht stressen lassen, Stress möglichst vermeiden oder gezielt bekämpfen. Und Sie erfahren, wie Sie Stress kurzzeitig abreagieren, mittelfristig abbauen und dauerhaft bewältigen können.

1. *Sie kommen völlig entnervt und entkräftet nach einem anstrengenden Arbeitstag nach Hause. Was machen Sie?*
a) Etwas essen, mich auf die Couch fallen lassen und den Fernseher einschalten
b) Mich bei einem Wannenbad entspannen, lesen oder beruhigende Musik hören
c) Sport: ins Fitnesscenter gehen, joggen oder walken – auf jeden Fall mich bewegen

2. *Leidige Hausarbeit: Auch putzen, Wäsche waschen und bügeln kann Stress bedeuten. Wie oft wechseln Sie Ihre Bettwäsche?*

a) Wöchentlich
b) Alle zwei bis drei Wochen
c) Etwa jeden Monat – frühestens

3. *Stress ist ein uraltes Programm unserer Gene. Der ursprüngliche Sinn der Stressreaktion ist die Lebenserhaltung durch einen reflexartigen Angriffs- und Fluchtmechanismus. Wenn Gefahr droht, erfolgt eine blitzschnelle Mobilisierung aller Reserven – alle verfügbaren Kräfte werden aktiviert, um einen vermeintlichen Feind zu bekämpfen: Die Hormone Adrenalin und Cortison werden ausgeschüttet, Blutdruck, Herz- und Atemfrequenz steigen, die Muskeln spannen sich an, das Gehirn arbeitet auf Hochtouren. Welche innerlichen oder äußerlichen Stressreaktionen haben Sie schon an sich selbst beobachtet?*
a) Bei Stress habe ich oft das lähmende Gefühl von Leere, Ohnmacht und Hilflosigkeit
b) Wenn ich sehr nervös bin, wippe ich mit den Füßen oder trommle mit den Fingern
c) Wenn ich mich gestresst fühle, bin ich besonders reizbar und unterschwellig aggressiv

4. *Die Ursachen, die Stress auslösen, nennt man «Stressoren» – also alles, was unser Nervensystem überfordert, was als Druck, Bedrohung oder Störung bewertet wird. Was sind Ihre stärksten Stressoren, welche Belastungen, Anstrengungen und Ärgernisse, denen Sie täglich durch Umwelteinflüsse ausgesetzt sind, belasten Sie am meisten?*
a) Konkurrenzkampf, Konflikte mit Kollegen, Ärger mit dem Chef, Misserfolge, unfaires Verhalten
b) Zeitnot, Hetze, Verkehrschaos, Streiterei, lautstarke Diskussionen, Einkaufen in der Stoßzeit
c) Dauerndes Telefonklingeln, Lärm, Krankheitsfall in der Familie, zu wenig Schlaf, unerfreuliche Nachrichten

5. *Ihr Chef hat Ihnen die Leitung eines wichtiges Projekts übertragen und fragt nun ständig bei Ihnen nach, wie sich das Projekt entwickelt*

und wie Sie damit zurechtkommen. Wie gehen Sie mit der Situation um?

a) Ich informiere meinen Chef zwar, aber betont kurz und knapp – damit er merkt, dass sein Kontrollieren nervt
b) Ich gehe ihm möglichst aus dem Weg und versuche seine Fragen an mir abprallen zu lassen
c) Ich mache ihm freundlich, aber bestimmt klar, dass ich für das Projekt verantwortlich bin und nicht er

6. *Bei einem freiwilligen Seminar zur «Betriebsinternen Kommunikation» wird anhand von Rollenspielen die Konfliktfähigkeit jedes einzelnen Seminarteilnehmers ermittelt. Bei der anschließenden Beurteilung schneiden Sie zu Ihrer Überraschung besonders schlecht ab. Welche Konsequenzen ziehen Sie daraus?*

a) Ich werde nie wieder freiwillig an so einem Seminar teilnehmen
b) Ich überlege mir Strategien, um mit Konflikten künftig besser umgehen zu können
c) Keine – von solchen realitätsfernen Rollenspielen halte ich nämlich überhaupt nichts

7. *Mit welcher Art Kollegin würden Sie im Job gerne eng zusammenarbeiten?*

a) Mit der ausgeglichenen Kollegin, die in sich selbst ruht und auch bei Stress noch gute Laune verbreitet
b) Mit der geradlinigen Kollegin, für die Ehrlichkeit, Fairness und Diskretion keine leeren Worte sind
c) Mit der hilfsbereiten Kollegin, die sich nicht vor Arbeit drückt und ihr Team tatkräftig unterstützt

8. *Bei der Besetzung einer neuen Stelle sind Sie von Ihrem Vorgesetzten total übergangen worden – trotz Ihres großen Einsatzes und bester Qualifikationen. Wie verarbeiten Sie Ihre Enttäuschung?*

a) Ich hake nach, mit wem die Stelle besetzt wurde – und warum

b) Ich wende mich an den Betriebsrat, und zwar umgehend!
c) Ich werde in Zukunft zwei Gänge runterschalten, weil Engagement ja nur bestraft wird

9. *Wie viele der folgenden Aussagen treffen auf Sie zu?*
☒ «Ich fühle mich oft müde und erschöpft»
☐ «Ich leide nicht selten unter Einschlaf- oder Durchschlafstörungen»
☐ «Meine Arbeit erscheint mir häufig chaotisch und uneffektiv»
☐ «Mir fällt es abends schwer, vom Alltag und/oder Job abzuschalten»
☐ «Schmerzen? Irgendetwas tut mir eigentlich immer weh»
a) Höchstens zwei
b) Drei bis vier
c) Eigentlich alle

10. *Eine Kollegin macht Ihnen seit Wochen das Leben zur Hölle: Sie schwärzt Sie bei Kollegen an, lästert hinter Ihrem Rücken, stichelt ständig, intrigiert und behindert Ihre Arbeit. Nachdem Sie das Verhalten eine Zeit lang vergeblich ignoriert haben, wollen Sie sich nun endlich wehren. Wie werden Sie aktiv?*
a) Ich informiere unseren Vorgesetzten und bitte ihn, ein Machtwort zu sprechen
b) Das ist Mobbing. Ich suche mir Verbündete und schlage mit gleichen Mitteln zurück
c) Ich stelle die Kollegin zur Rede und frage sie nach der Ursache für ihr unfaires Verhalten

11. *Fällt es Ihnen schwer, am Wochenende einfach gar nichts zu tun?*
a) Würde es theoretisch nicht, aber praktisch kann ich mir bloßes Nichtstun nur selten leisten
b) Nein, im Gegenteil: Mir fällt es eher schwer, mich zu irgendwelchen Aktivitäten aufzuraffen
c) Ja, wer rastest, rostet. Ich muss immer in Bewegung sein

12. *Jemand schnappt Ihnen vor Ihren Augen einen Parkplatz weg, auf den Sie schon eine ganze Weile gewartet haben. Wie reagieren Sie?*

a) Ich parke ihn zu, indem ich mein Auto direkt vor seinen Wagen stelle
b) Ich sage dem Idioten gehörig meine Meinung!
c) Ich bin stinksauer, lasse mir aber nichts anmerken, um den Egoisten nicht noch über meine Wut triumphieren zu lassen

Testauswertung

	a	b	c	
Frage 1	3	6	0	Punkte
Frage 2	0	3	6	
Frage 3	6	3	0	
Frage 4	0	6	3	
Frage 5	3	6	0	
Frage 6	6	3	0	
Frage 7	0	3	6	
Frage 8	3	0	6	
Frage 9	3	6	0	
Frage 10	6	0	3	
Frage 11	3	6	0	
Frage 12	6	0	3	

0 bis 21 Punkte
Gehen Sie den Ursachen Ihrer persönlichen Belastung auf den Grund!

Stress scheint ein Teil Ihres Lebens zu sein. Sie müssen ständig geistig oder körperlich in Bewegung sein, Ruhe und bewusstes Nichtstun setzen Sie mit Stillstand gleich. Sie neigen dazu, alles selbst machen zu wollen, nichts jemand anderem überlassen zu können. Und Sie haben das überdeutliche Bedürfnis, alles vorantreiben und kontrollieren zu müssen – damit überfordern Sie jedoch sich und Ihre Umwelt. Oder ist es nicht so, dass Sie häufig das Gefühl haben, vor lauter Druck fast zu platzen? Dass unterschwellige Aggressionen und das quälende Bedürfnis an Ihnen nagen, Ihrem Frust endlich Luft zu machen?

Seien Sie ehrlich zu sich selbst: Erzeugen Sie den Druck, dem Sie sich permanent ausgesetzt fühlen, nicht oft selbst? Eine Kombination aus hohem Leistungsstreben, Konkurrenzdenken, Ungeduld, Perfektionismus, Hektik, hohem Verantwortungsgefühl und starker Zielorientierung führt tatsächlich zu einer dauerhaften Überforderung. Ein solcher «Überdruck» äußert sich zum Beispiel, indem das Handeln immer planloser wird, sich Fehler plötzlich häufen, Denkblockaden entstehen, Konzentrationsfähigkeit und Leistung nachlassen, die Krankheitsanfälligkeit steigt, Stressreaktionen zunehmen (z. B. hoher Blutdruck, Kopfschmerzen, Nervosität, Herzrasen, Verdauungsstörungen, Schwindelanfälle, übermäßiges Schwitzen). Neueste Forschungsergebnisse zeigen einen engen Zusammenhang zwischen hohem Erfolgsstreben bei gleichzeitig intensiven Stressreaktionen und vegetativen Erkrankungen – wie Herz-Kreislauf-Beschwerden. So steigt insbesondere auch das Risiko, einen Herzinfarkt zu bekommen, mit zunehmender Stressanfälligkeit.

Dauerstress ist aber nicht nur Mitverursacher zahlreicher Erkrankungen, sondern kann sich auch indirekt negativ auswirken: Menschen, die sich andauernd unter Druck fühlen, verhalten sich häufig gesundheitsschädigend: Sie rauchen verstärkt, ernähren sich ungesund, trinken mehr Alkohol, nehmen sich weniger Zeit für Sport und Entspannung.

Falls einige dieser Verhaltensweisen auf Sie zutreffen, Sie oft typische Stressreaktionen an sich selbst beobachten, wird es höchste Zeit, etwas zu ändern! Das fängt mit dem Analysieren Ihrer persönlichen Belastungssituation an: Wie reagieren Sie in Stress-Momenten? Was stresst Sie ganz besonders? Wie gehen Sie damit um?

Bedenken Sie, dass gerade die kleinen Ärgernisse des Alltags für die Entstehung von Stressfolgeschäden verantwortlich sind.

Es reicht nicht aus, negativen Stress zum Beispiel durch Sport und Bewegung kurzzeitig abzuführen, sich öfters mal gesund zu ernähren und bewusst zu entspannen – bevor einzelne Stress-Symptome bekämpft werden, sollte man zunächst die eigentliche Ursache der Belastung verändern! Definieren Sie zuerst das Problem, das Sie stresst, und finden Sie heraus, wie es überhaupt entstehen konnte. Sammeln Sie danach mögliche Problemlösungen und überlegen Sie sich, wie sich andere Menschen in ähnlichen Situationen verhalten würden. Erwägen Sie die Vor- und Nachteile jeder Lösungsmöglichkeit, und probieren Sie die beste in einer konkreten Belastungssituation aus. Ziehen Sie danach Bilanz, wie erfolgreich Ihre Problemlösung war.

Wenn Sie künftige (vorhersehbare) Belastungssituationen in dieser Weise angehen, werden Sie feststellen, dass Sie Stress nicht hilflos ausgeliefert sind. Man hat im Leben zwar nicht immer die Möglichkeit, etwas zu ändern – aber viel öfter, als man denkt!

24 bis 48 Punkte
Sie sind Stress ganz gut gewachsen, trotzdem hat Ihre Belastungsfähigkeit Grenzen

Stress macht Ihnen nur in Extremsituationen wirklich zu schaffen. Sie wissen genau, was Sie konkret belastet und wie Sie damit am besten fertig werden. Und Sie haben erkannt, dass es zum großen Teil an Ihnen selbst liegt, wenn Sie sich stressen lassen. Damit sind Sie auf dem besten Wege, auch künftig gut mit Belastungen umzugehen. Denn tatsächlich entscheidet oft die persönliche Bewertung darüber, was als Stress erlebt wird – und was nicht. Jemand, der sich einer Situation machtlos ausgeliefert sieht, leidet stärker unter Stress als ein anderer, der sich als Herr(in) der gleichen Situation fühlt. Weil Sie das wissen oder zumindest ahnen, reagieren Sie relativ gelassen auf alltäglichen Stress. Sie könnten den Stress ja (in gewissem Maß) abschalten oder entschärfen – wenn Sie wollten. So können Sie zum Beispiel auf öffentliche Verkehrsmittel umsteigen, falls Sie das tägliche Verkehrschaos auf den Straßen nervt. Ein permanent klingelndes Telefon können Sie ausschalten, ein zu lautes Radio leiser stellen und eine leidige Aufgabe lieber sofort erledigen – statt sie so lange aufzuschieben, bis sie nur noch unter größtem Zeitdruck zu bewältigen ist.

Natürlich gibt es auch stressige Situationen oder Ereignisse, die sich nicht ändern lassen. Solche Belastungen müssen langfristig in Form von systematischer Problemlösung bewältigt oder manchmal einfach auch nur akzeptiert werden (wie z. B. ein Unfall, eine Krankheit, der unerwartete Verlust des Arbeitsplatzes).
Auch manche Stressoren – also die Ursachen, die Stress auslösen – lassen sich nicht verändern. So wird beispielsweise der Leistungsdruck am Arbeitsplatz immer größer, ohne dass wir ihn selbst wirklich beeinflussen können. Da aber auch Ihre Belastungsfähigkeit Grenzen hat, sollten Sie sich die nötige Zeit nehmen, unvermeidbaren (Alltags-)Stress gezielt abzubauen und damit Ihre Belastbarkeit gleichzeitig zu erhöhen. Sport ist dabei ein gutes Mittel. Durch Bewegung können Sie Ihrem Körper aktiv helfen, negative Stressenergie abzuführen. Passive Tätigkeiten wie Fernsehen sind hingegen ungeeignet, um sich nach einem stressigen Arbeitstag abzureagieren. Sie werden überrascht sein, wie frisch und erholt Sie sich beispielsweise nach einem Badminton-Match fühlen, das Sie sich nach einem besonders anstrengenden Bürotag eigentlich gar nicht mehr zugetraut hätten. Und mal ehrlich: Sind Sie schon mal frisch und erholt nach einem ausgiebigen Fernsehabend von der Couch gehüpft? Wohl kaum – weil der Erschöpfungszustand zu lange angehalten hat!

Anders reagiert der Körper dagegen auf aktive Entspannung. Sie setzt gezielt am Organismus an und führt zu einer Senkung des Erregungsniveaus und zum Abbau psychosomatischer Beschwerden (wie z. B. Ohrenklingeln, Kloß im Hals, Spannungskopfschmerz, Schlafstörungen). Bewährte Entspannungstechniken sind zum Beispiel Autogenes Training, Yoga oder die Progressive Muskelentspannung. Probieren Sie's einfach mal aus!

51 bis 72 Punkte
Auch Unterforderung kann Stress erzeugen!

Sie glauben: Wer Stress hat, ist selbst schuld. Also umgehen Sie möglichst alles, was Sie körperlich oder seelisch unter Druck setzen könnte. Und tatsächlich leiden Sie mit dieser Einstellung weniger unter typischen Stress-Symptomen als hektischere Zeitgenossen. Wenn Ihnen etwas zu stressig erscheint, schieben Sie es auch schon mal auf – oder einem anderem zu. Bestimmt fällt es Ihnen im Job und/oder Alltag relativ leicht, Aufgaben geschickt zu delegieren. Das funktioniert allerdings nur bedingt. Denn zum einen machen Sie sich bei Ihren Mitmenschen mit dieser rein eigennützigen Haltung nicht gerade beliebt, und zum anderen unterfordern Sie sich selbst: Wer ständig Unangenehmes von sich schiebt, wird kaum über sich hinauswachsen, sondern irgendwann frustriert sein. Und Frust erzeugt wiederum Stress. Hinzu kommt, dass sich wichtige Dinge durch Nichtstun zwar aufschieben, aber nicht aus der Welt schaffen lassen.

Fühlen Sie sich häufig unwohl und unmotiviert? Ist Ihnen manchmal langweilig? Machen Sie relativ oft Leichtsinnsfehler, und sind Sie eigentlich mit Ihrer Leistung nicht so richtig zufrieden? Dann wird es jetzt Zeit, etwas zu ändern! Wenn Ihr innerer Motor stets untertourig läuft, Ihre physischen und psychischen Kräfte nie voll zum Einsatz kommen, wird Ihr «geistiges Getriebe» früher als nötig Rost ansetzen. Tanken Sie also ruhig hin und wieder eine gewisse Dosis Leistungsdruck, um sich selbst zu motivieren, Ihre persönliche Belastbarkeit zu erhöhen und für wirkliche Probleme gewappnet zu sein. Denn Stress ist zunächst positiv, erst das Übermaß macht krank! Eine permanente Unterforderung führt hingegen zu einem kontinuierlichen Leistungsabbau, der bei plötzlichen Stressereignissen oder in Extremsituationen zu einer Übererregung führen kann, die schließlich in einer Leistungsunfähigkeit gipfelt.

Einem derartigen stressbedingten Leistungsausfall kann man jedoch rechtzeitig vorbeugen – durch das Trainieren von Stress-Situationen: Melden Sie sich ruhig einmal freiwillig, wenn es darum geht, im Kollegenkreis ein Referat zu halten. Oder eine Familienfeier auf die Beine zu stellen. Oder für sich und Ihren Partner eine aufwendige Reise zu organisieren. Irgendjemand muss schwierige bzw. unliebsame Aufgaben ja übernehmen – warum also nicht auch mal Sie? Lernen Sie, mit Stress umzugehen, statt ihn ganz zu vermeiden.

Gehen Sie die Sache Schritt für Schritt und – vor allem – gut geplant an. Scheuen Sie sich nicht, andere mit einzubeziehen, aber übernehmen Sie den Hauptpart ruhig mal selbst!

Haben Sie Ihr Leben im Griff?

Manche Menschen blühen im Chaos erst richtig auf, andere bringt Unordnung zur Weißglut und Außerplanmäßiges völlig aus dem Konzept. Behalten Sie selbst in Krisensituationen einen kühlen Kopf, oder verlieren Sie schon mal den Überblick – und stolpern an manchen Tagen von einer Panne in die nächste «Katastrophe»? Verläuft in Ihrem Leben das Wesentliche nach Plan, oder leben Sie eher getreu der Devise des Schweizer Dramatikers Friedrich Dürrenmatt (1921–1990): «Je mehr ich plane, desto härter trifft mich die Wirklichkeit!» Mit Hilfe dieses Tests können Sie überprüfen, wie gut Sie Ihren Alltag unter Kontrolle haben.

1. *Freitagabend. Sie haben es sich gerade zu Hause gemütlich gemacht, als es klingelt. Vor Ihrer Haustür stehen zwei Freundinnen und fragen, ob Sie Lust haben, mit in den Biergarten zu kommen. Was antworten Sie?*
a) «Gebt mir bitte zehn Minuten ...»
b) «Warum habt ihr nicht vorher angerufen?»
c) «Geht schon mal vor, ich komme nach!»

2. *Jemand spricht Sie auf der Straße an und fragt, wie's am schnellsten zum Bahnhof geht. Wie erklären Sie den Weg?*
a) Ich nenne konkrete Anhaltspunkte oder male eine Skizze
b) Mit eindeutigen Handbewegungen weise ich die Richtung
c) Ich gehe ein Stück mit, bis der Bahnhof in Sichtweite ist

3. *Haben Sie schon Pläne für Ihren nächsten Urlaub?*
a) Ich habe da eine Idee – mal sehen, was daraus wird
b) Ja, der Urlaub ist bereits gebucht!
c) Nein, das entscheide ich lieber kurzfristig

4. *Ein halber Tag im Büro liegt hinter Ihnen. Plötzlich stürzt der Computer ab – und Sie haben ausnahmsweise nicht gespeichert. Das bedeutet: Vier Stunden Arbeit umsonst. Ihre Reaktion?*

a) Ich durchforste systematisch das PC-Programm – möglicherweise hat die Kiste ja automatisch gesichert

b) Ich brülle den Bildschirm an und verfluche die «moderne» Technik

c) Ich rufe laut um Hilfe – ein Kollege weiß vielleicht weiter

5. *Wie viele der folgenden Sätze könnten Sie unterstreichen:*

- ☐ Eine Wohnung ohne Klimbim wirkt total unpersönlich
- ☐ Ich hebe alles auf – man weiß ja nie, wozu man es nochmal brauchen könnte
- ☐ Am Arbeitsplatz ist bei mir alles an Ort und Stelle – daheim kriege ich das nicht hin
- ☐ Schlampereien anderer nerven mich, im Gegensatz zu meiner eigenen Unordnung
- ☐ Lieber komme ich etwas zu spät zu einer privaten Verabredung als zu früh ...

a) Alle

b) Zwei bis drei

c) Maximal einer

6. *Ist es schon mal vorgekommen, dass Sie einen Bus oder Zug verpasst haben?*

a) Ja, aber das hatte einen triftigen Grund

b) Nicht dass ich mich erinnern könnte

c) Das passiert doch jedem mal, oder nicht?

7. *Wie bewältigen Sie die leidige Hausarbeit?*

a) Ich werde dann aktiv, wenn's wirklich nötig ist – das ist nämlich am effektivsten

b) Ich habe einen festen Haushaltstag, an dem ich aufräume, putze, wasche und bügele

c) Ich mache jeden Tag ein bisschen, sodass ich am Ende der Woche mit allem durch bin

8. *Sie haben einige Gäste zu einem Grillabend eingeladen. Wann beginnen Sie mit den Vorbereitungen?*
a) Einen Tag vorher
b) Am Vormittag
c) Etwa eine Stunde bevor ich den Grill anschmeiße

9. *Passiert es Ihnen manchmal, dass Sie mit dem Einkaufswagen im Supermarkt andere Leute anrempeln?*
a) Bei manchen Einkaufwagen lassen sich kleine Rempler nicht vermeiden
b) Den umgekehrten Fall erlebe ich viel öfter – manche Menschen haben scheinbar keine Augen im Kopf
c) Höchstens samstags, wenn es im Laden sehr voll ist und entsprechend viel gedrängelt wird

10. *Vor der Supermarktkasse haben sich drei Schlangen gebildet. In welche reihen Sie sich ein?*
a) Das hängt von der Länge der Schlange ab – also in die kürzeste Reihe
b) Das hängt davon ab, wie viel die Leute in ihren Einkaufswagen haben
c) Das hängt ganz von der Schnelligkeit der jeweiligen Kassiererin ab

11. *Sie sitzen im Urlaubsflieger beengt neben einem attraktiven Mann. Als die Stewardess den Kaffee bringt, passiert es: Sie kippen Ihrem netten Sitznachbarn die braune Brühe quer über seine weiße Sommerhose. Wie bügeln Sie Ihren Fauxpas wieder aus?*
a) Ich entschuldige mich und leiste mit meiner Serviette «erste Hilfe»
b) Ich biete sofort die Erstattung der Reinigungskosten an

c) Ich lächele entwaffnend und betone, dass meine Annäherungsversuche normalerweise nicht in die Hose gehen ...

12. *Sie sind auf dem Weg zur Party einer Bekannten, als Ihnen nach 20-minütiger Autofahrt plötzlich glühend heiß einfällt, dass Sie den Zettel mit Adresse und Telefonnummer der Gastgeberin daheim vergessen haben. Wie geht's weiter?*

a) Ich kehre um und suche zu Hause nach dem entscheidenden Zettel

b) Ich fahre weiter und frage mich vor Ort durch – irgendwie werde ich das Haus schon finden

c) Ich rufe über Handy die Telefonauskunft an, um an die Rufnummer zu kommen – und somit an die Adresse

13. *Stellen Sie sich vor, Sie sind mit Ihrer besten Freundin im Café verabredet. Nach einer halben Stunde ist sie immer noch nicht da. Was denken Sie?*

a) «Wer weiß, was ihr dazwischengekommen ist ...»

b) «Vielleicht rächt sie sich, weil sie sonst immer auf mich warten muss.»

c) «Jetzt reicht's! Die kommt doch immer zu spät!»

14. *Was machen Sie, wenn Sie überraschend zwei Stunden Zeit haben?*

a) Meine Termine rasch umdisponieren, um die gewonnene Zeit sinnvoll zu nutzen

b) Relaxen: Lesen, Freunde anrufen, Fernsehen schauen oder ein bisschen Wellness

c) Dinge erledigen, die ich in den letzten Tagen auf die lange Bank geschoben habe

15. *Sie haben sich im Baumarkt einen Schrank zum Selberbauen gekauft. Wie gehen Sie bei der Montage vor?*

a) Ich übergebe die Sache an einen lieben Menschen mit handwerklichem Geschick

b) Ich hole mir Verstärkung – zum Schrankbauen braucht man mehr als zwei Hände!
c) Schritt für Schritt nach der Gebrauchsanleitung – dann kann nichts schief gehen

16. *Beim Geschäftsessen entdecken Sie auf der Wange Ihres Chefs einen Klecks Salatsauce. Wie gehen Sie mit der Situation um?*
a) Ich tupfe mit der Serviette auf die entsprechende Stelle in meinem Gesicht und lächele ihn dabei viel sagend an
b) Ich übergehe die Sache diskret – er wird's schon irgendwann selbst merken
c) Zuvorkommend: Ich sage ihm höflich, dass er da etwas im Gesicht hat

17. *Sie freuen sich über Ihre neue cremefarbene Ledercouch – bis Freunde mit einem zweijährigen Kind zu Besuch kommen und der kleine Wirbelwind mit seinen Schokohändchen Ihr Schmuckstück in die Mangel nimmt. Ihre Reaktion?*
a) Ich versuche ruhig zu bleiben – schließlich war ich selbst mal Kind
b) Ich denke darüber nach, ob sich die Flecken später abwaschen lassen
c) Ich biete den Eltern an, dem Kleinen die Hände sauber zu machen

18. *Nach einer heißen Nacht mit Ihrem Liebsten entdecken Sie beim Blick in den Spiegel am nächsten Morgen einen knallroten Knutschfleck an Ihrem Hals. Was tun Sie?*
a) Ich kaschiere das Ding mit einem Nickituch
b) Nichts, ich stehe zu meinem Liebesmal!
c) Ich versuche den Fleck, so gut es geht, zu überschminken

Testauswertung

	a	b	c	
Frage 1	0	6	3	Punkte
Frage 2	6	3	0	
Frage 3	3	6	0	
Frage 4	6	0	3	
Frage 5	0	3	6	
Frage 6	3	6	0	
Frage 7	0	3	6	
Frage 8	6	3	0	
Frage 9	0	6	3	
Frage 10	0	3	6	
Frage 11	0	6	3	
Frage 12	0	3	6	
Frage 13	3	0	6	
Frage 14	6	0	3	
Frage 15	0	3	6	
Frage 16	3	6	0	
Frage 17	0	3	6	
Frage 18	6	0	3	

0 bis 36 Punkte
Versuchen Sie, ein wenig Ordnung in Ihr Leben zu bringen

Sie brauchen ein gewisses Maß an Chaos, um sich wohl zu fühlen. Regeln, Prinzipien und Vorschriften engen Sie ein. Weil Sie spontan und impulsiv sind, hassen Sie es, Alltägliches zu planen und weit vorausschauend zu handeln. Und weil Ihr Leben ständig Überraschendes bietet, ist Ihnen selten langweilig. Deshalb sind Sie viel zu sehr mit der Gegenwart beschäftigt, als ernsthaft in die Zukunft blicken zu wollen. Sie sind der festen Überzeugung, dass sich die meisten Dinge im Leben von selbst erledigen – und verlassen sich dabei gerne auf andere. Ihr Motto: Es kommt, wie es kommt – warum sich also vorher den Kopf zerbrechen? In Ihrem Privatleben kommen Sie mit dieser Einstellung tatsächlich ganz gut zurecht. Sie sind beliebt und gern gesehen. Man spürt, dass Sie Herz haben und dass Sie alles, was Sie tun, mit Leidenschaft angehen – manchmal jedoch ohne einen Gedanken an mögliche Konsequenzen. Sie handeln aus dem Bauch heraus und verlassen sich auf Ihr Gefühl. Das macht Sie zu einer Lebenskünstlerin und liebenswerten Chaotin.

Leider herrscht auch in Ihrem Innern oft Chaos. Ihre Empfindungen schwanken häufig – selbst in der Liebe. Hier hilft nur eins: Die Gefühle sortieren und sich darüber klar werden, was Sie wirklich wollen. Auch wenn Sie glauben, alles im Griff zu haben: Im Berufsleben würde Ihnen mehr Weitsicht gut tun. Ohne konkrete Pläne könnte Ihre Karriere sonst planlos verlaufen. Halten Sie sich also an gewisse Spielregeln.

Stecken Sie sich Zielmarken, die Sie ohne größere Verrenkungen erreichen können. Um Fettnäpfchen zu vermeiden, sollten Sie vorher öfter mal nachdenken, bevor Sie einfach drauflos reden. Denn nicht alle wissen Menschen zu schätzen, die – wie Sie – ihr Herz auf der Zunge tragen! Auch Unpünktlichkeit findet nicht jeder charmant. Gerade im Job zählen Diskretion, Taktgefühl und Zuverlässigkeit. Vor allem beim Bewältigen alltäglicher Hürden könnten Sie es sich selbst etwas einfacher machen. Oder ist es nicht so, dass Ihnen manchmal die unmöglichsten Dinge passieren? Dass Sie ständig nach Gegenständen suchen, die plötzlich wie vom Erdboden verschluckt zu sein scheinen? Und dass Sie sich oft rechtfertigen müssen, weil Sie wieder einmal etwas Wichtiges vergessen haben?

Bemühen Sie sich, ein wenig Ordnung in Ihr Leben zu bringen. Beim Organisieren Ihres Alltags helfen zum Beispiel «Fahrpläne» und Merkzettel: Tragen Sie sich in Ihren Kalender ein, was Sie bis wann spätestens erledigt haben müssen. Und schreiben Sie sich Termine, die Sie auf gar keinen Fall vergessen dürfen, zusätzlich auf Memory-Blätter, die Sie sich auf eine Pinnwand oder mit Magneten an Ihren Kühlschrank heften. Dagegen, dass keine wichtigen Unterlagen verloren gehen, helfen Ablagen, Schubfächer, Ordner und Kartons. Entscheidend: Immer alles gut beschriften! Aus Ihnen muss ja nicht gleich ein Ordnungsfanatiker werden, aber ein klares Konzept hilft Ihnen, den Überblick zu gewinnen – und zwar in allen Bereichen Ihres Lebens!

39 bis 72 Punkte
Bleiben Sie auch in Krisensituationen möglichst locker!

Sie haben Ihr Leben ganz gut im Griff. Alltägliches bewältigen Sie mit Organisationstalent, Weitsicht und Routine. Klar vergessen auch Sie mal etwas oder suchen hin und wieder verzweifelt nach Gegenständen, die gerade noch da waren. Auch kommt es schon mal vor, dass Sie zu spät zu einer Verabredung erscheinen. Bei wichtigen Terminen sind Sie jedoch (fast) immer pünktlich. Und im Berufsleben ist auf Sie 100-prozentig Verlass. Sie wissen eben, worauf es ankommt, und können Wesentliches von Unwichtigem unterscheiden. Dadurch gelingt es Ihnen, sich einerseits nicht mit absolutem Perfektionismus selbst unnötig zu stressen und andererseits nicht im Chaos zu versinken.

Ihr guter Durchblick in allen Lebenslagen resultiert aus einem ausgeglichenen Innenleben. Sie sind mit sich selbst im Reinen. Geraten Ihre Gefühle jedoch aus dem Gleichgewicht, schlägt sich das auch auf Ihre Außenwelt – sprich auf Ihren Alltag – nieder. Ist Ihr Innerstes aufgewühlt, fällt es Ihnen schwer, einen kühlen Kopf zu bewahren, konzentriert zu sein und voll bei der Sache zu bleiben. Das ist jedoch kein Manko, sondern ganz natürlich – weil wir Menschen nun mal keine seelenlosen Maschinen sind, die auf Knopfdruck funktionieren.

Bemühen Sie sich, gelassen zu bleiben und Ihren Humor nicht zu verlieren, wenn etwas mal schief geht oder Ihnen ein Missgeschick passiert. Ein kleiner Trost: Selbst Stars, Politiker und sogar gekrönte Häupter sind vor Pannen und Fettnäpfchen nicht gefeit. Doch während diese Personen des öffentlichen Lebens dauernd im Rampenlicht stehen, haben wir nichtprominenten Menschen den Vorteil, dass unsere Fehltritte unentdeckt bleiben. Das heißt: was uns manchmal furchtbar peinlich erscheint, wird von anderen meist gar nicht wahrgenommen. Verkrampfen Sie also nicht bei kleinen Katastrophen, sondern versuchen Sie – nach dem Motto: Jetzt erst recht – möglichst locker zu bleiben. Zugegeben: Das ist leichter gesagt als getan, aber gerade in Krisensituationen überlebenswichtig!

Und oft ist die betonte Ruhe der einzige Weg zum Erfolg. Denn sicherlich haben Sie auch schon mal die Erfahrung gemacht: Man macht dann besonders viele Fehler, wenn man krampfhaft versucht, sie zu vermeiden. Je mehr wir uns mit allen Mitteln bemühen, richtig zu handeln, desto leichter machen wir etwas falsch. Ein Teufelskreis. Die Gegenrichtung heißt: durchatmen, in sich gehen, sich locker machen – und nochmal durchstarten. Dafür schon mal viel Erfolg!

75 bis 108 Punkte
Nur wenn Sie alles unter Kontrolle haben, fühlen Sie sich sicher

Gibt es im Job ein kniffliges Problem, liefern Sie prompt eine patente Lösung. Geht in Ihrem Haushalt etwas kaputt, haben Sie sofort Ersatz parat. Und muss ein Plan mal umgeschmissen werden, arbeiten Sie, ohne zu zögern, an einem Ausweichprogramm. Sie sind ein absolutes Organisationsgenie und für alle Eventualitäten des Lebens gerüstet. Chaos und Zeitmangel kennen Sie nicht. Selbst in kritischen Momenten verlieren Sie nicht den Überblick, sondern finden einen Ausweg. Sie übernehmen gerne die Initiative, haben keine Angst vor Entscheidungen und stehen zu den Konsequenzen Ihres Handelns.

Das Gefühl, stets alles unter Kontrolle zu haben, gibt Ihnen Sicherheit. Entsprechend unsicher fühlen Sie sich, wenn ein anderer das Steuer in die Hand nimmt. Kann es sein, dass Sie eine schlechte Beifahrerin sind? Oder dass Sie feuchte Hände bekommen, wenn Sie sich in die Hände eines Berufsanfängers begeben? Und dass Sie in keinem Restaurant essen, das Ihnen auf den ersten Blick schmuddelig erscheint?

Ihr Lebensmotto: Vertrauen ist gut, Kontrolle ist besser. Sie glauben, dass das Chaos im Kleinen schuld ist am Chaos in der ganzen Welt, und meinen: Nur wo Sie die Führung übernehmen, herrscht Ordnung. Doch auch bei Ihnen laufen Dinge manchmal aus dem Ruder. Trotzdem kein Grund zur Panik: Würden Sie ab und zu die Zügel lockern, Alltägliches etwas schleifen lassen und statt 100 mal «nur» 90 Prozent geben, würden Sie feststellen: Die Welt geht nicht gleich unter, nur weil Sie keinen vollen Einsatz bringen. Überlassen Sie wichtige Aufgaben ruhig mal anderen, damit Sie Zeit für eine neue wesentliche Erfahrung haben: das Gefühl von Freiheit und Leichtigkeit.

Sie müssen nicht immer perfekt sein. Das schafft niemand! Nehmen Sie das Leben als einen Lernprozess – jeden Tag aufs Neue! Auch ein bisschen mehr Spontaneität könnte Ihnen nicht schaden. Im Gegenteil, Überraschungen können Schwung in Ihren Alltag bringen. Und üben Sie sich in Toleranz! Nicht jeder ist so gewissenhaft wie Sie. Ohne nötige Nachsicht laufen Sie Gefahr, andere Menschen mit Ihrem Perfektionismus unter Druck zu setzen. Denn Ihren hohen Maßstäben und Erwartungen ist kaum jemand gewachsen. Drücken Sie also hin und wieder großzügig ein Auge zu, wenn Sie auf ein Missgeschick, einen Fehler oder eine Panne stoßen. Man wird Sie dafür lieben!

Wunsch und Wirklichkeit

Wie kreativ sind Sie?

Ein phantasievolles Bild malen, ein bewegendes Gedicht schreiben, ein ausgefallenes Kleidungsstück entwerfen – es gibt viele Möglichkeiten, kreativ zu werden. Aber man muss nicht gleich ein großer Dichter, Denker oder Designer sein, um Kreativität zu entfalten. Und nicht unbedingt von der Muse geküsst werden, um seine verborgenen Talente zu entdecken und Geistreiches zu produzieren. Kreativ sein heißt über den Tellerrand schauen, Visionen haben, den Mut aufbringen, «anders» zu sein, gewohnte Denkstrukturen aufzubrechen und Risiken einzugehen. Kreativität beginnt schon im Alltag – indem man sich einfach mal die Zeit für abwegige Ideen und verrückte Einfälle nimmt. Auch für diesen kleinen «Kreativitätstest» brauchen Sie also etwas Zeit, außerdem einen Stift, ein Blatt Papier und eine Uhr. Dann kann's losgehen ...

1. *Bestimmt haben Sie's auch schon getan: Während des Telefonierens, auf einer Sitzung oder bei sonstigen Gelegenheiten mit gedankenverlorenen Kritzeleien ein Stück Papier verschönert. Versuchen Sie sich zu erinnern: Welche Motive gingen Ihnen dabei am häufigsten «von der Hand»? Und was kam bei Ihrem Gekritzel heraus?*

a) Blumen, Tiere, Menschen und Landschaften
b) Häuser, Linien und eckige geometrische Formen
c) Spiralen, Kreise, Symbole und verschlungene Phantasiegebilde

2. *Für diese Frage brauchen Sie jetzt das Blatt Papier, den Stift und die Uhr. Malen Sie sechs etwa gleich große Quadrate auf das Papier. Nun haben Sie genau drei Minuten Zeit, um aus möglichst jedem Viereck jeweils einen Gegenstand zu zeichnen. Das heißt, es geht darum, aus möglichst vielen der sechs Quadrate ein Bild zu «zaubern». Stoppen Sie die Zeit und beantworten Sie danach folgende Frage: Wie viele Vierecke haben Sie in Gegenstände verwandelt?*

a) Eins bis zwei
b) Drei bis vier
c) Fünf bis sechs

3. *Nun dürfen Sie Ihre journalistischen Fähigkeiten ausprobieren: Finden Sie für folgende Zeitungsmeldung eine passende Überschrift: «Amerikanische Biologen haben ein einzigartiges Sinnesorgan bei den Reptilien ausgemacht: Krokodile erkennen ihre Beute nicht mit den Augen oder Ohren, sondern mit dem Unterkiefer. Dort besitzen sie bisher unentdeckte Rezeptoren.»*
a) «Forscher fanden heraus: Krokodile jagen mit Rezeptoren»
b) «Verblüffend: Krokodile ‹sehen› mit dem Kiefer»
c) «Unbekannte Sinnesorgane bei Alligatoren entdeckt»

4. *Auch die Astronomen sind fleißig am Forschen. Dabei haben sie herausgefunden, dass sich die Mondoberfläche während Ebbe und Flut um bis zu zehn Zentimeter senkt – und wieder hebt. Was kann man Ihrer Meinung daraus folgern?*
a) Dass der Mond im Innern flüssig ist
b) Dass sich der Mond verformt und irgendwann nicht mehr rund sein wird
c) Dass der Mond der Erde ähnlich ist

5. *Die nächste Aufgabe lautet: Sätze «bauen»! Versuchen Sie, möglichst viele vollständige Sätze aus jeweils vier Wörtern zu bilden, die mit den einzelnen Buchstaben eines bestimmten Wortes beginnen: Beispiel: Aus dem Wort ROSE lassen sich etwa folgende Vier-Wort-Sätze ableiten, welche die Buchstabenkombination «R» «O» «S» und «E» beinhalten: «Ralf ordert sieben Enzyklopädien», «Rosie organisiert super Events», «Richard observiert seine Ehefrau», «Rachegelüste offenbaren starke Emotionen». Probieren Sie nun dasselbe mit dem Wort HERZ. Wie viele Sätze mit vier stets neuen Wörtern und der jeweiligen Buchstabenfolge «H», «E», «R» und «Z» schaffen Sie in vier Minuten?*
a) Maximal zwei

b) Drei
c) Mindestens vier

6. *Sie wollen Ihre neue Liebe zum ersten Mal bekochen. Was bringen Sie auf den Tisch?*
a) Das «geheime Leibgericht» meiner Großmutter – das wird ihn umhauen!
b) Ich suche im Kochbuch nach einem besonderen Rezept, das ich nach meinem Gusto variiere
c) Etwas Exotisches: Sushi oder eine raffinierte Köstlichkeit aus dem Wok

7. *Traumberuf Modeschöpfer. Bei welchem/welcher der folgenden Designer/innen würden Sie gerne mal einen Blick über die Schulter werfen oder eine Modenschau besuchen?*
a) Christian Dior
a) Jean Paul Gaultier
b) Vivienne Westwood

8. *Auch Archäologen üben einen außergewöhnlichen Beruf aus. Was würde Sie selber an diesem «Job» reizen?*
a) Historie hautnah zu erleben und jahrtausendalte Geheimnisse zu lüften
b) Mich in eine andere Welt hineinzugraben und alles um mich herum zu vergessen
c) Interessante Menschen und abenteuerliche Länder kennen zu lernen

9. *Lesen Sie folgende Sätze:*
☐ «Ich habe morgens meist vergessen, was ich nachts geträumt habe»
☐ «Im Chaos kann ich keinen klaren Gedanken fassen»
☐ «Meine Garderobe entspricht der aktuellen Mode»
☐ «Kreuzworträtsel sind mir zu langweilig»

- ☐ «Brettspiele finde ich nur selten spannend»
- ☒ «Alltäglicher Kleinkram bringt mich nicht aus dem Trab»
- ☐ «Saft aus der Kaffeetasse schmeckt mir nicht»
- ☐ «Im Kino sitze ich am liebsten ganz hinten»

Wie viele dieser Aussagen treffen auf Sie zu?

a) Höchstens eine
b) Zwei bis vier
c) Mindestens fünf

10. *Kleine Dinge sind manchmal nützlicher, als man denkt! Eine Cent-Münze lässt sich zum Beispiel als Schraubenzieher, Kreisel, zum Reinigen der Computer-Tastatur, zum Abrubbeln von Klebestreifen oder (mit viel Geschick) zum Öffnen einer Cola-Flasche gebrauchen. Was, denken Sie, könnte man wohl alles mit einer leeren Klopapierrolle anstellen? Sie haben zwei Minuten Zeit, sich nahe liegende oder ausgefallene Verwendungsmöglichkeiten zu überlegen! Wie viele Funktionen fallen Ihnen für die Papp-Rolle ein?*

a) Gerade mal eine
b) Genau zwei
c) Mindestens drei

11. *Was fällt Ihnen spontan zur Farbe Rot ein?*

a) Energie
b) Leidenschaft
c) Gefahr

12. *Sie nehmen an einer neuen TV-Sendung teil, bei der Sie allein eine Woche auf einer einsamen Insel verbringen werden. Zusätzlich zum Proviant und einer Grundausrüstung dürfen Sie «ein persönliches Hilfsmittel gegen Langeweile» mitnehmen. Wofür entscheiden Sie sich?*

a) Für einen Notizblock und einen guten Kugelschreiber
b) Für einen CD-Player samt meiner Lieblingsmusik
c) Für ein Buch, das ich immer schon mal lesen wollte

Testauswertung

	a	b	c	
Frage 1	6	0	3	Punkte
Frage 2	0	3	6	
Frage 3	0	6	3	
Frage 4	6	0	3	
Frage 5	0	3	6	
Frage 6	0	6	3	
Frage 7	0	3	6	
Frage 8	3	6	0	
Frage 9	6	3	0	
Frage 10	0	3	6	
Frage 11	3	6	0	
Frage 12	6	0	3	

0 bis 21 Punkte
Stellen Sie Dinge öfters infrage!

Man kann nicht sagen, dass Sie unkreativ sind. Sicher schlummert in Ihnen eine Menge kreatives Potenzial, das nur freigesetzt werden muss. Aber noch wird Ihre Kreativität durch eingefahrene Denkstrukturen ausgebremst. Sie bleiben lieber auf vertrauten Pfaden, statt neue Wege zu beschreiten. Doch wenn Sie ehrlich sind, Ihre festgefahrenen Gewohnheiten empfinden Sie auch als Ballast. Sie ahnen bereits, dass Sie sich selbst mit negativen Gedanken bei der Entwicklung und Entfaltung Ihrer – bestimmt guten – Ideen blockieren. Machen Sie sich frei davon. Streichen Sie Sätze wie «Ich kann nicht» und «Das geht nicht» aus Ihrem Sprachrepertoire. Sagen Sie sich stattdessen: «Ich weiß zwar nicht, ob's klappt, aber ich versuche es!» Denn wenn Sie von vornherein davon überzeugt sind, dass Ihre Ideen sowieso nichts taugen, werfen Sie sich selbst aus dem Rennen. Auch die Angst vor einem «lächerlichen Einfall» und der damit verbundenen vermeintlichen Blamage behindert kreatives Denken. Überwinden Sie Ihre Angst vor Niederlagen und zeigen Sie Mut zum Risiko. Nur wer hin und wieder Experimente wagt, Ausgefallenes ausprobiert und Fehler riskiert, erhält neue Impulse – und die sind die wichtigste Voraussetzung für Kreativität. Also: Keine Angst vor «dummen» Ideen!

Stress ist (neben Angst und negativen Gedanken) übrigens ein weiterer Kreativitätskiller. Lassen Sie sich bei kreativen Prozessen nicht unter Druck setzen, sondern finden Sie Ihr eigenes Tempo: Wenn Sie ständig nur versuchen, vorgegebene Ziele zu erreichen, bleiben ausgefallene Ideen auf der Strecke! Das gilt ebenso für ausgeprägtes Konkurrenzdenken. Mit dem übertriebenen Ehrgeiz, ständig der/die Beste sein zu wollen, verbauen Sie sich selbst den Blick aufs Ziel. Werden Sie sich bewusst, dass es im Leben um den Weg geht und nicht ums Siegen. Ihre Motivation für Kreativität sollte also nicht die Belohnung – sprich die Anerkennung – sein, sondern der Spaß an der Sache!

Auch Ihre Intuition kann Ihnen helfen, Kreativität zu entfalten. Leider hören Sie zu selten auf Ihre innere Stimme und gehen lieber auf Nummer sicher – das heißt, Ihr Verstand gibt den Ton an. Dadurch entgeht Ihnen allerdings so manche spontane Eingebung und vielleicht sogar die eine oder andere geniale Idee. Trauen Sie sich öfter mal, «quer zu denken», Regeln zu brechen und Dinge infrage zu stellen. Zwanghafte Anpassung und Pflichterfüllung verhindern jeden freien Gedankenfluss. Vor allem aber: Trauen Sie sich selbst mehr zu und vertrauen Sie künftig getrost auf Ihre Ideen!

24 bis 45 Punkte
Keine Angst vor Fehlern!

Sie sind neugierig, spontan, aufgeschlossen – und erfüllen damit die wesentlichen Voraussetzungen, um kreativ zu sein. Sie haben viele gute Einfälle und sind offen für neue Erfahrungen. Jetzt brauchen Sie nur noch die nötige Ausdauer, um Ihre Ideen zu realisieren, denn leider lassen Sie sich manchmal zu schnell entmutigen. Sobald sich Ihnen ein größeres Hindernis in den Weg stellt, verlieren Sie die Lust an der Sache. Dann geht Ihnen die Luft aus, um das Projekt konsequent bis zum Ende durchzuziehen. Warum geben Sie so rasch auf? Das Schlimmste, was Ihnen beim Realisieren Ihrer Ideen passieren könnte, ist, Fehler zu machen. Aber ist das wirklich so schlimm? Kreative Menschen begehen nun mal mehr Fehler als andere – weil sie mehr ausprobieren und riskieren. Das bedeutet: Ohne Fehler kein Fortschritt! Seien Sie also nicht zu vorsichtig und orientieren Sie sich nicht nur an dem wirklich Machbaren.

Üben Sie sich stattdessen in Geduld und Beharrlichkeit. Begraben Sie nicht gleich eine gute Idee, nur weil sie sich im ersten Anlauf nicht umsetzen lässt. Trauen Sie sich, Ihre Einfälle bei unerwarteten Problemen und plötzlichen Zweifeln einfach mal ein paar Tage ruhen und Ihre Gedanken sich setzen zu lassen. Nach dieser kleinen Denkpause können Sie dann mit frischem Elan und verbesserter Taktik Ihrer «alten» Idee neuen Auftrieb geben. Gönnen Sie sich kreative Ruhephasen, wenn Sie sich überfordert fühlen. Und nehmen Sie sich nicht zu viel vor. Am leichtesten kommen Sie zum Erfolg, wenn Sie sich Zwischenziele stecken. Denken Sie in Etappen und machen Sie kleine Schritte – auf dem Weg zum großen Ziel. Denn Hektik erstickt jedes Fünkchen Kreativität!

58

48 bis 72 Punkte
Niederlagen und Widerstände spornen Sie an

Ihnen scheint niemals die Puste auszugehen. Sie sprudeln vor guten Ideen und originellen Einfällen, sind voll engagiert, hoch motiviert und extrem ausdauernd. Um zur Höchstform aufzulaufen, brauchen Sie ständig neue Impulse. Und weil Sie allem Abwegigen gegenüber äußerst aufgeschlossen sind, erleben Sie viel Überraschendes, das Sie zu neuen ausgefallenen Ideen inspiriert.

Gleichzeitig haben Sie aber auch die nötige Energie, jene Ziele, die Sie sich gesteckt haben, tatsächlich zu erreichen. Deshalb sind Sie permanent in Aktion, passen sich nur ungerne an und schwimmen lieber gegen den Strom, statt in der Masse unterzugehen. Niederlagen und Widerstände inspirieren Sie zu neuen Einfällen und Höhenflügen. In Ihnen steckt ein kleiner Rebell, der ständig unter Strom steht.

Mit Ihrer Spontaneität und Ihrem Elan reißen Sie andere oft mit und beflügeln sie zu beeindruckenden Leistungen. In Ihrer Gegenwart wachsen einige Menschen über sich hinaus. Doch erwarten Sie nicht, dass jeder Ihre Begeisterung und Ausdauer teilt. Denn Ihre Kreativität ist manchmal ganz schön anstrengend! Gönnen Sie anderen und sich hin und wieder kleine Verschnaufpausen. Auch ausgesprochen kreative Menschen benötigen ab und zu schöpferische Ruhephasen! Außerdem sollten Sie bedenken, dass nicht alle Ihr Talent haben und Ihren Mut besitzen. Passen Sie auf, dass Sie sich nicht zum Außenseiter machen. Verfolgen Sie Ihre Ziele, aber zwingen Sie Ihre Freunde, Kollegen und Lebensgefährten nicht, denselben Weg zu gehen. Spornen Sie Ihre Mitmenschen lieber dazu an, eigene Ideen zu entwickeln, statt Ihnen hinterherzuhecheln ...

Haben Sie den «sechsten Sinn»?

Manche nennen es Intuition, andere Instinkt. Jedenfalls scheinen einige Menschen ein besonderes Ahnungsvermögen zu besitzen – eine Art «inneres Frühwarnsystem», das ihr Handeln unbewusst lenkt und sie vor vermeintlichen Gefahren schützt. Viele sind sogar fest davon überzeugt, dass es ihn wirklich gibt: den geheimnisvollen «sechsten Sinn». Und warum soll es neben dem Gesichts-, Tast- und Gehörsinn, dem Geruchs-/Geschmackssinn sowie dem Gleichgewichtssinn nicht wirklich noch einen außergewöhnlichen Sinn geben, der sozusagen über diesen fünf Sinnen schwebt – und damit jenseits unserer Vorstellungskraft liegt? Doch bei diesem Test geht es nicht darum, Ihre etwaigen übersinnlichen Fähigkeiten zu entdecken, sondern herauszufinden, ob Ihre inneren Antennen überhaupt auf Empfangsbereitschaft ausgerichtet sind. Also: Hören Sie auf Ihre innere Stimme? Oder verlassen Sie sich lieber auf Ihren Verstand – statt auf Ihr Gefühl? Sind Sie offen für Unergründliches, oder verbannen Sie alles Unerklärliche ins Reich der Phantasie? Nehmen Sie alle Ihre Sinne zusammen und wagen Sie den Test!

1. *Als nicht unumstrittener Seitenzweig der Psychologie befasst sich die so genannte Parapsychologie mit Phänomenen außerhalb unserer Sinneswahrnehmung. Wie stark ist Ihr Interesse an derartigen wissenschaftlichen Grenzbereichen?*
a) Sehr groß, solche übersinnlichen Phänomene interessieren mich ganz besonders
b) Eher gering – das ist mir zu abgehoben, zu ominös – und zu fern jeder seriösen Forschung
c) Bedingt: Irgendwie faszinieren mich solche Themen, gleichzeitig machen sie mir aber auch Angst

2. *Glauben Sie, dass es Menschen gibt, die vor ihrem «inneren Auge» Dinge in Form von Visionen (vorher-)sehen können?*

a) Nein. In die Zukunft kann niemand blicken – auch «Hellseher» nicht
b) Ja, manche Menschen haben «das zweite Gesicht»
c) Wer weiß – das menschliche Gehirn ist vielleicht zu viel mehr fähig, als man denkt

3. *Welche Rolle spielt das Wetter in Ihrem Leben?*

a) Das hängt von der Situation ab: In manchen Lebenslagen hat das Wetter eine besondere Bedeutung
b) Wenn die Sonne lacht, blühe ich auf – so wie wohl die meisten Menschen
c) Eine ziemlich erhebliche, es beeinflusst meine Stimmung, mein Wohlbefinden und meine innere Balance

4. *Laut Lexikon ist Telepathie, «die angebliche Übertragung bzw. Übernahme fremder seelischer und gedanklicher Inhalte ohne Zuhilfenahme der gewöhnlichen Sinne», «eine Fernwirkung ohne Körperkontakt». Unter welchen Umständen könnten Sie sich eine solche Form der Gedankenübertragung vorstellen?*

a) Bei eineiigen Zwillingen, die räumlich voneinander getrennt sind
b) Wenn man in einer Extremsituation ganz fest an eine bestimmte Person denkt
c) Eigentlich in gar keiner, an so etwas glaube ich nämlich nicht

5. *Der Mond übt nicht nur auf das Meer eine «magische» Anziehungskraft aus, auch Menschen zieht der Trabant seit Urzeiten in seinen Bann. Vor allem Frauen wird eine besondere «Mondfühligkeit» nachgesagt – nicht zuletzt weil der Mondzyklus annähernd dem weiblichen Monatszyklus entspricht. Spüren auch Sie, wenn Vollmond ist?*

a) Ja, zum Beispiel schlafe ich dann immer unruhiger als in anderen Nächten

b) Hin und wieder – bei Vollmond sind einige Leute besonders gereizt
c) Nur wenn ich nachts draußen bin, weil es dann deutlich heller ist als sonst

6. *Merken Sie, wenn Ihnen jemand ins Gesicht lügt?*
a) Kommt darauf an, wie gut oder schlecht er/sie lügt
b) Schwer zu sagen, das stellt sich ja erst nach Entlarven der Lüge heraus
c) Ja, das sehe ich dem-/derjenigen an den Augen an!

7. *Erinnern Sie sich morgens noch an das, was Sie nachts geträumt haben?*
a) Meistens – und dann überlege ich, was das zu bedeuten hat
b) Manchmal, nach besonders intensiven Träumen
c) Höchstens für einen kurzen Moment, wenn überhaupt

8. *Kennen Sie das: Sie greifen zum Telefon, kurz bevor es tatsächlich klingelt – weil Sie spüren, dass gleich jemand anrufen wird?*
a) Ja, das ist mir mal passiert – und zwar bei einem ganz bestimmten Menschen
b) Solche Situationen habe ich schon öfters erlebt
c) Nein, das gibt's doch höchstens bei einem Handy mit Vibrationsalarm

9. *Tiere müssen sich von Natur aus auf ihren Instinkt verlassen können – um zu überleben. Doch nicht nur in der Wildnis folgen Tiere instinktiv inneren und äußeren Impulsen. So reagieren zum Beispiel auch Haustiere besonders sensibel, wenn ein Gewitter heranzieht. Bei welchen domestizierten Tieren ist der «Urinstinkt» Ihrer Meinung nach noch am stärksten ausgeprägt?*
a) Bei Pferden
b) Bei Hunden
c) Bei Katzen

10. *Sie führen den Hund Ihrer Nachbarin Gassi. Die Frau hat Ihnen versichert, dass das Tier «absolut freundlich» sei. Doch als ein Mann an Ihnen vorbeijoggt, reagiert der Rüde total aggressiv und reißt sich fast von der Leine los. Was schießt Ihnen in diesem Moment durch den Kopf?*

a) «Von wegen freundlich – das Vieh ist gemeingefährlich!»
b) «Irgendetwas scheint mit diesem Typen nicht zu stimmen»
c) «Komisch, dass Hunde einfach keine Jogger mögen»

11. *Eine etwas exzentrische Freundin erzählt Ihnen, dass Sie zu einer «spiritistischen Sitzung» mit einem «Medium» eingeladen wurde. Wie reagieren Sie?*

a) Neugierig – ich frage sie, ob sie mich mitnehmen kann ...
b) Belustigt – ich wünsche ihr viel Spaß beim Geisterbeschwören und Gläserrücken!
c) Entsetzt! Ich rate ihr ganz dringend davon ab

12. *Besitzen Sie einen Glücksbringer oder Talisman?*

a) So etwas Ähnliches – ein symbolisches Geschenk von einem lieben Menschen
b) Ja – einen ganz besonderen Stein, den ich immer bei mir habe
c) Nein, Glück kann man nicht «erzwingen»

13. *Sind Sie in der Liebe schon oft enttäuscht worden?*

a) Ja leider, irgendwie gerate ich immer an den Falschen
b) Oft nicht, so ein- oder zweimal vielleicht
c) Eigentlich nicht – ich kann nicht klagen

14. *Sie stehen vor einer wichtigen Entscheidung, die Ihnen niemand abnehmen kann. Die Antwort kann nur ein Ja oder Nein sein. Wovon lassen Sie sich letztlich leiten?*

a) Von meinem Bauchgefühl: Ich mache das, was ich schon im ersten Moment tun wollte
b) Von den besseren Argumenten – nachdem ich gründlich die Vor- und Nachteile abgewogen habe

c) Indem ich auf ein Zeichen warte, das ich als Fügung nehme – oder zur Not eine Münze werfe

15. *Beim Blick in den Kalender stellen Sie fest, dass ein lang ersehntes Rendezvous ausgerechnet auf Freitag, den 13., fällt. Was denken Sie spontan?*
a) Wir sollten das Date wohl besser verschieben
b) Leicht zu merken, dieses Datum vergesse ich nicht so schnell
c) Nehmen wir's als gutes Omen – das könnte unser Glückstag sein

16. *Das Rendezvous war ein Volltreffer: Auf beiden Seiten hat es mächtig gefunkt. Jetzt sind Sie bis über beide Ohren verliebt und wollen wissen, ob Ihr Glück von Dauer ist. Ihre Freundin ist zufällig Tarot-«Expertin» und bietet an, Ihnen die Karten zu legen. Gut gelaunt stimmen Sie zu. Welche Frage richten Sie zuerst an das «Orakel»?*
a) «Ist er der Richtige für mich?»
b) «Wie wird er mein Leben beeinflussen?»
c) «Wie sehr liebt er mich wirklich?»

17. *Mit welchen Tricks arbeiten Ihrer Meinung nach Wahrsager und Handleser, die Geld für ihre «Dienstleistungen» nehmen?*
a) Sie folgen konkreten Anhaltspunkten – und ihrer spontanen Eingebung
b) Ihr «Trick» heißt Menschenkenntnis, das heißt die Persönlichkeit ihrer Kunden zu analysieren
c) Sie treffen möglichst allgemeine Aussagen in Bezug auf die ferne – nicht nachprüfbare – Zukunft

Testauswertung

	a	b	c	
Frage 1	6	0	3	Punkte
Frage 2	0	6	3	
Frage 3	3	0	6	
Frage 4	3	6	0	

Frage 5	6	3	0
Frage 6	3	0	6
Frage 7	6	3	0
Frage 8	3	6	0
Frage 9	3	0	6
Frage 10	0	6	3
Frage 11	6	3	0
Frage 12	3	6	0
Frage 13	0	6	3
Frage 14	3	0	6
Frage 15	6	0	3
Frage 16	0	6	3
Frage 17	6	3	0

0 bis 27 Punkte
Vielleicht birgt das Leben ja mehr Geheimnisse, als Sie denken!

Ihre Welt wird von Vernunft, Logik und Berechenbarkeit bestimmt. Unbegreifbares, Unheimliches oder sogar Übersinnliches hat da keinen Platz. Rätsel können gelöst und Geheimnisse gelüftet werden – meinen Sie. Ihr Lebensmotto lautet: Sie glauben nur das, was Sie sehen. Doch das ist kein Glaube, sondern Wissen! Denken Sie wirklich, dass sich alles, was zwischen Himmel und Erde geschieht, mit bloßem Menschenverstand oder – in besonders kniffligen Fällen – mit künstlicher Intelligenz (er-)fassen lässt? Könnte es nicht sein, dass das Leben mehr Geheimnisse birgt, als Sie vielleicht denken? Oder wie erklären Sie sich zum Beispiel, dass manche Menschen Dinge erahnen, von denen sie eigentlich gar nichts wissen können? Mit blühender Phantasie? Kann sein, aber dann hätte diese Phantasie eine hohe Trefferquote. Auch dass Tiere Naturkatastrophen «spüren», lässt sich nicht nur mit den starken Schwingungen erklären, die zwar einem Erdbeben, aber keinem Orkan vorausgehen. Wussten Sie, dass Katzen über ein beeindruckend genaues Zeitgefühl verfügen, obwohl sie ja nicht mehr besitzen als ihre «innere Uhr»? Und was sagen Sie zu dem «inneren Kompass» von Zugvögeln, die über Tausende von Kilometern ihr Ziel punktgenau treffen?

Wäre es nicht denkbar, dass Tiere noch über jenen ausgeprägten Instinkt verfügen, der vielen Menschen im Laufe der Evolution – nicht zuletzt durch die Zivilisation – verloren gegangen ist? Im Gegensatz zu uns folgen Naturvölker nach wie vor ihrem Instinkt. So besitzen die australischen Ureinwohner heute noch magisch anmutende Fähigkeiten, Indianer können in der Natur «lesen», und Nomaden finden in der Sahara ohne technische Hilfsmittel Wasser.

Keine Glaubensfrage, sondern Fakt ist, dass alle Menschen über einen gewissen Selbsterhaltungstrieb verfügen, der uns in Ausnahmesituationen zu ungewöhnlichen Dingen befähigt. Diese natürliche Gabe hat nichts mit Hokuspokus oder Hexerei zu tun, sondern ist ein «Urinstinkt», den man im erweiterten Sinne auch als Intuition – als gefühlsmäßige Eingebung – bezeichnen kann.

Möglicherweise gibt es in diesem Sinne den «sechsten Sinn» ja wirklich – und er liegt bei vielen Menschen nur verschüttet.

Es lohnt auf jeden Fall, darüber nachzudenken. Und es schadet sicherlich nicht, ab und zu in sich hineinzulauschen, um seine innere Stimme zu hören – und dann zu entscheiden, ob man sich lieber ganz von seinem Verstand leiten lässt oder vielleicht doch einfach mal seinem «Bauchgefühl» folgt.

60

30 bis 66 Punkte
Trauen Sie ruhig öfter Ihrer Intuition

Realität oder Phantasie? Tatsache oder Fiktion? Wahrheit oder Hirngespinst? Sie sind ständig hin und her gerissen zwischen dem, was Sie zu wissen glauben – und dem, was Sie glauben, nicht zu wissen. Ihre Zweifel resultieren aus der Sorge, sich zu sehr auf Ihr Bauchgefühl zu verlassen, auf Herz statt auf Verstand zu setzen. Doch eigentlich gibt es gar keinen Grund zur Beunruhigung: Ihre innere Alarmanlage funktioniert nämlich ganz gut – wenn sie aktiviert ist. Intuitiv spüren Sie, wenn Gefahr naht, und instinktiv schlagen Sie dann (meistens) den richtigen Weg ein – oder zumindest die richtige Richtung.

Denken Sie einmal über Folgendes nach: Ist es nicht so, dass Sie manchmal etwas vage «vorhersehen», bevor es dann konkrete Züge annimmt? Dass Sie Ereignisse in gewisser Form «erahnen», bevor sie tatsächlich eintreten? Wenn ja, könnte das dann nicht Ihr sechster Sinn sein?

Noch haben Sie Vorbehalte, diesen «inneren Impulsen» unverkrampft zu folgen und Ihrer spontanen Eingebung zu vertrauen. Doch dieses Vertrauen ist wichtig, um unvoreingenommen zu handeln. Meditatives Training kann übrigens helfen, das innere Wahrnehmungsvermögen zu schulen, die Konzentrationsfähigkeit zu verbessern und mögliche Ängste abzubauen.

Eine ausgeprägte Intuition schützt allerdings nicht vor Fehlentscheidungen! Auch ein Instinkt kann trügen. Deshalb ist es auf jeden Fall sinnvoll, den Verstand nie ganz auszuschalten, sondern bei wichtigen Entscheidungen mit einzubeziehen. Keine Angst: Da Sie schon ganz gut zwischen Schein und Wirklichkeit unterscheiden können, laufen Sie nicht so schnell Gefahr, Betrügern auf den Leim zu gehen.

Eine gesunde Skepsis ist gegenüber allzu übersinnlichen Erscheinungen durchaus angebracht. Das bedeutet jedoch nicht, dass Sie alles Unerklärliche als unheimlich, abstrus oder gefährlich abtun sollten. Seien Sie ruhig offen gegenüber Dingen, die sich nicht mit den üblichen Mitteln ergründen lassen. Beim vorsichtigen Blick über den Tellerrand droht noch lange kein Absturz! Was ein Mensch letztlich glaubt oder nicht, bleibt ihm selbst überlassen. Ist es nicht reizvoller, andere Möglichkeiten zu entdecken, als «auf gar keinen Fall» etwas Neues zu wagen?

Schon Shakespeare dichtete (in «Hamlet»), dass es «mehr Ding(e) zwischen Himmel und Erde(n) gibt, als die Schulweisheit sich träumen lässt» ...

69 bis 102 Punkte
Sie besitzen eine besondere Gabe – nehmen Sie sich trotzdem vor Blendern in Acht!

Wenn es den «sechsten Sinn» tatsächlich gibt, dann besitzen Sie ihn! Sie setzen in fast allen Lebensfragen auf Ihre Intuition. Ob im Job, im Alltag oder in der Liebe – Sie verlassen sich meistens ganz auf Ihr Gefühl. Sie vertrauen darauf, dass Ihr spontaner erster Eindruck richtig ist. Und dass Ihre innere Stimme Sie nicht trügt. Instinktiv spüren Sie, wenn etwas nicht stimmt oder wenn ein besonderes Ereignis bevorsteht. Ihre innere Wahrnehmung scheint – folgt man Ihrem Testergebnis – überdurchschnittlich zu sein. Das kann an einer außergewöhnlichen Begabung liegen oder an Ihrem (fast) unerschütterlichen Glauben an sich selbst und Ihren Instinkt.

Doch was macht Sie in dieser Sache so sicher? Bestimmt haben Sie schon mal den Ausdruck «Sinnestäuschung» gehört. Denn bei Ihrem oft blinden Vertrauen auf Ihr gutes Gespür laufen Sie Gefahr, manchmal Schein mit Wirklichkeit und Wissen mit Aberglauben zu verwechseln – wenn Sie nicht rechtzeitig Ihren Verstand einschalten. Hören Sie ruhig weiter auf Ihr Herz und Ihren Bauch, aber vergessen Sie dabei nicht Ihren Kopf – vor allem nicht bei wichtigen Entscheidungen!

Eine kritische Distanz sollten Sie vor allem zu Menschen wahren, die andere mit ihrem fraglichen «Wissen» beeinflussen wollen. Denn Ihre ausgesprochene Sensibilität könnte von diesen Leuten ausgenutzt werden: Da Sie scheinbar alles fasziniert, was eine «magische Aura» umgibt, was irgendwie geheimnisvoll, mystisch oder übersinnlich anmutet, sind Sie leichte Beute für

Blender und Betrüger. Gerade auf esoterischem Terrain tummeln sich leider nicht wenige schwarze Schafe. Da übersinnliche Fähigkeiten mit naturwissenschaftlichen Mitteln nicht zu messen sind, können Scharlatane dieses seltene «Können» leicht vorgaukeln und damit die Gutgläubigkeit einiger Menschen für ihre Zwecke nutzen. Seien Sie dann besonders skeptisch, wenn jene angeblich spiritistisch veranlagten Menschen Ihnen für ihre «selbstlose» Leistung viel Geld abnehmen wollen.

Passen Sie also auf, dass Sie nicht aufs Glatteis geraten und auf Eisschichten schlittern, die zu dünn sind, um einen gemütvollen Menschen wie Sie zu tragen.

Besitzen Sie eine gute Menschenkenntnis?

Einige behaupten von sich, «echte» Menschenkenner zu sein – dabei kennen sie noch nicht mal sich selbst. Andere können sich perfekt in ihr Gegenüber hineinversetzen, ohne sich dieser besonderen Gabe überhaupt bewusst zu sein. Fest steht: Wer Menschen verstehen lernen will, muss ihnen ohne Vorurteile begegnen. Weil sonst aus Misstrauen Ablehnung entstehen kann. Außerdem sollte man offen für unterschiedliche Meinungen, Sichtweisen und Lebensauffassungen sein, um Menschen wirklich kennen zu lernen und sich nicht auf die eigene Perspektive zu fokussieren. Und man sollte sich mit Körpersprache befassen, um sich nicht von Oberflächlichkeiten blenden zu lassen oder auf leere Phrasen hereinzufallen. Denn eine kleine Geste ist manchmal verräterischer als eine große Selbstdarstellung, und ein Blick sagt oft mehr als tausend Worte ...

1\. *An Ihrer Haustüre klingeln zwei junge Männer, die für das Deutsche Rote Kreuz sammeln. Unter welchen Voraussetzungen machen Sie eine Geldspende?*
a) Wenn mir die beiden sympathisch sind
b) Nach einem prüfenden Blick auf ihre Ausweise
c) Unter gar keinen – an der Haustür gebe ich aus Prinzip kein Geld

2\. *Kennen Sie das: Sie haben sich schon abends den Wecker gestellt, weil Sie einen wichtigen Termin haben und zu einer ganz bestimmten Zeit aufstehen müssen – und werden dann ganz von allein kurz vor dem Weckalarm wach?*
a) Nein, von allein wache ich eigentlich nie pünktlich auf
b) Ja, das ist mir schon häufig passiert
c) Habe ich zwar schon mal erlebt, ist aber lange her

3. *Woran erkennen Sie, wenn jemand nicht die Wahrheit sagt?*
a) Daran, wie er/sie etwas sagt
b) An seinen/ihren Blicken
c) An seiner/ihrer Gestik

4. *Bei einem Bewerbungsgespräch, das vom Leiter der Personalabteilung geführt wird, rückt sich dieser – während Sie reden – seine Krawatte zurecht und räuspert sich. Wie interpretieren Sie sein Verhalten?*
a) Er scheint ein mehr als dienstliches Interesse an mir zu haben
b) Der Mann scheint irgendwie nervös und leicht gestresst zu sein
c) Als Desinteresse – ich scheine ihn offensichtlich zu langweilen

5. *Nun wendet er Ihnen seine rechte Schulter zu und legt den Kopf leicht schräg. Was denken Sie?*
a) Jetzt habe ich seine volle Aufmerksamkeit
b) Ganz schön arrogant, der Typ
c) Offenbar habe ich mich gerade undeutlich ausgedrückt

6. *Wie müsste sich der Personalleiter verhalten, um Ihnen im weiteren Gespräch ein gutes Gefühl zu vermitteln?*
a) Indem er mir seine linke Gesichtshälfte zudreht und zustimmend mit dem Kopf nickt
b) Durch entspannte Lässigkeit, indem er sich z. B. zurücklehnt
c) Ganz einfach durch ein freundliches Lächeln

7. *Am Ende des Gesprächs drückt der Personalleiter Ihnen fest die Hand, während er gleichzeitig auf seine Armbanduhr schielt. Welcher Gedanke schießt Ihnen in diesem Moment durch den Kopf?*
a) Das war's ... Den Job kann ich mir abschminken
b) Die nächste Kandidatin steht wohl schon bereit
c) Hoffentlich habe ich jetzt nicht zu viel geredet

8. *Vervollständigen Sie diesen Satz: «Menschen, die einem nicht direkt in die Augen sehen können ...»*

a) «... haben ein eher geringes Selbstbewusstsein»
b) «... haben wenig Gespür für Höflichkeit und Anstand»
c) «... haben offensichtlich etwas zu verbergen»

9. *Eine Freundin ist in Schwierigkeiten. Als Sie ihr spontan Hilfe anbieten, lehnt sie ab – mit den Worten: «Danke, ich kann mir selber helfen!» Was antworten Sie?*
a) «Wenn du meinst ...»
b) «Trotzdem: Mein Angebot steht!»
c) «Offensichtlich nicht!»

10. *Sie haben sich mit Ihrem Partner vor dem Kino verabredet. Er kommt direkt von der Arbeit – mit 20-minütiger Verspätung. Zu seiner Entschuldigung sagt er: «Gerade als ich gehen wollte, kam noch ein wichtiger Anruf dazwischen.» Wie reagieren Sie?*
a) Verständnisvoll, sein Job ist nun mal wichtiger als unser Kinobesuch
b) Leicht angesäuert, schließlich hätte er auch einfach nicht mehr ans Telefon gehen können
c) Wütend – noch schlimmer als Unpünktlichkeit ist eine fadenscheinige Ausrede!

11. *Welche Äußerlichkeiten würden Sie bei einem «Blind Date» auf Anhieb abstoßen?*
a) Schmutzige Schuhe und schlampige Kleidung
b) Schlechte Manieren und eine feuchte Aussprache
c) Überheblichkeit, Arroganz und Selbstgefälligkeit

12. *Und wann ist Ihnen jemand sofort sympathisch?*
a) Wenn er/sie eine angenehme Stimme hat und sich harmonisch bewegt
b) Wenn er/sie mit dem Mund lächelt und mit den Augen lacht
c) Wenn er/sie nicht plump vertraulich, sondern dezent zurückhaltend ist

13. *Im Restaurant beobachten Sie ein Pärchen, das sich heftig streitet. Plötzlich springt er mit stark gerötetem Gesicht auf und stürmt aus dem Lokal. Was könnte wohl der Hintergrund dieser Szene sein?*
a) Sie hat ihm auf den Kopf zugesagt, dass er sie mit einer anderen Frau betrügt
b) Wie so oft bei einem Streit: irgendeine eigentlich nichtige Kleinigkeit
c) Sie hatte an allem etwas auszusetzen: an der Wahl des Lokals, am Kellner, Essen, Sitzplatz etc.

14. *Glauben Sie an die Liebe auf den ersten Blick?*
a) Ich glaube eher an die Liebe auf den zweiten Blick
b) Ja, unbedingt!
c) Nein, das gibt's nur im Film

15. *Eine Kollegin erzählt Ihnen, dass sie Ihren gemeinsamen Chef in einer einschlägigen «Schwulenbar» gesehen hätte. Was ist Ihr erster Gedanke, als Sie das hören?*
a) Das hätte ich nicht von ihm gedacht!
b) Na und?
c) Was meine Kollegin wohl dort zu suchen hatte ...

Testauswertung

	a	b	c	
Frage 1	3	6	0	Punkte
Frage 2	0	6	3	
Frage 3	0	3	6	
Frage 4	3	6	0	
Frage 5	0	3	6	
Frage 6	6	0	3	
Frage 7	0	6	3	
Frage 8	6	3	0	
Frage 9	0	6	3	

Frage 10	3	6	0
Frage 11	0	3	6
Frage 12	3	6	0
Frage 13	0	6	3
Frage 14	6	3	0
Frage 15	0	3	6

0 bis 27 Punkte
Vermeiden Sie, Ihre negativen Erfahrungen zu verallgemeinern

Jeder zweite Deutsche ist der Meinung, dass man den meisten Menschen nicht vertrauen kann. Das ergab eine bundesweite Umfrage eines Hamburger Meinungsforschungsinstituts. Auch Sie gehören zu jenen Zeitgenossen, die ihren Menschen erst mal misstrauisch begegnen – nach dem Motto: Man weiß ja nie, mit wem man es zu tun hat ... Das stimmt. Doch dasselbe könnte sich auch Ihr Gegenüber denken: Auch er oder sie weiß zunächst nicht, wer Sie sind. Zumindest nicht auf den ersten Blick. Das stellt sich nämlich erst nach näherem Kennenlernen heraus. Das Problem ist nur: Wenn man von vornherein jede Kontaktaufnahme abblockt, dichtmacht und auf Distanz geht, wird man sich nie näher kommen. Direkte Kommunikation ist immer mit einem gewissen «Risiko» verbunden, denn der Ausgang ist noch unklar. Andererseits: Was riskiert man eigentlich? Eine Enttäuschung? Einen «Reinfall»? Eine Niederlage? Und wennschon! Ist es im Nachhinein nicht viel enttäuschender, es gar nicht erst versucht zu haben?

Sie glauben, «die Menschen» zu kennen, scheinen dabei allerdings ein ziemlich schlechtes Menschenbild vor Augen zu haben. Hinter dem Verhalten Ihrer Mitmenschen wittern Sie rasch eine gegen Sie gerichtete Attacke. Woher kommen diese Bedenken? Und woher resultiert Ihre überwiegend pessimistische Einstellung gegenüber anderen? Aus negativen Erlebnissen? Das wäre nachvollziehbar. Möglicherweise sind Sie schon recht häufig enttäuscht worden. Trotzdem sollten Sie Ihre negativen Erfahrungen nicht verallgemeinern. Denn kein Mensch gleicht dem anderen. Bestimmte Situationen und Verhaltensmuster können sich zwar wiederholen, können aber auch – unter denselben Bedingungen – ganz anders ablaufen. Vermeiden Sie also möglichst, in Klischees zu denken und Ihre Mitmenschen allzu schnell in bestimmte Schubladen zu stecken, die Sie dann auch noch abschließen. Versuchen Sie es stattdessen mal mit Offenheit, Neugier und – vor allem – mit Vertrauen! Geben Sie dem anderen die Chance, sein wahres Gesicht zu zeigen, bevor Sie Ihr Urteil gefällt haben. So wirken zum Beispiel manche Menschen auf den ersten Blick arrogant, obwohl sie eigentlich nur unsicher sind und diese Unsicherheit mit betontem Selbstbewusstsein zu überspielen versuchen.

Lassen Sie sich möglichst weder von Äußerlichkeiten noch von dem Urteil anderer Menschen beeinflussen: Manche sprechen nämlich nur deshalb schlecht von anderen, um selbst besser dazustehen. Eine fundierte eigene Meinung bilden Sie sich am besten durch aufmerksames Beobachten und kritisches Hinterfragen: Vieles ist bei genauerem Hinsehen anders, als es anfänglich scheint. Und scheuen Sie sich nicht, eine einmal gefasste Meinung zu revidieren. «Echte» Menschenkenner erkennt man übrigens daran, dass sie auch mal zugeben können, sich in einem anderen gründlich getäuscht zu haben ...

30 bis 60 Punkte
Genaue Beobachtung schützt vor Blendern und «Falschspielern»

Sie meinen, eine ganz gute Menschenkenntnis zu besitzen? Dann haben Sie Recht – allerdings mit Einschränkung. Denn manchmal lässt Sie diese besondere Gabe im Stich. So stellen Sie oft völlig überrascht fest, dass Sie sich mal wieder «ganz gehörig» in einem

Menschen getäuscht haben. Trotzdem kein Grund zum (Ver-) Zweifeln! Sie gehen nun mal unvoreingenommen, vertrauensvoll und mit den allerbesten Absichten auf Ihre Mitmenschen zu. Ihr Vertrauen in das Gute im Menschen ist fast grenzenlos. Leicht vorstellbar, dass Sie dabei mitunter auf die Nase fallen. Einige Zeitgenossen verstehen es nämlich hervorragend, gutgläubige Menschen wie Sie mit falschen Versprechen zu blenden. Fallen Sie also nicht auf Oberflächlichkeiten herein und nehmen Sie sich in Acht vor scheinheiligen Gesten, Worten und Blicken. Glauben Sie nicht alles, was andere Ihnen weismachen wollen! Verlassen Sie sich ruhig öfter auf Ihr Bauchgefühl. Denn manchmal ist der erste Eindruck gar nicht so falsch, weil unverfälscht. Das heißt jedoch nicht, dass ein spontan gefasstes Urteil stets richtig und unumstößlich ist, denn auch der erste Eindruck kann täuschen.

Gute Menschenkenntnis lässt sich am besten in mehreren Schritten gewinnen – durch Intuition, Beobachtung und Wissen: Es ist zwar sinnvoll, auf seine innere Stimme zu hören, doch sollte man dabei nicht Augen und Ohren vor jenen Signalen schließen, die andere bewusst oder unbewusst aussenden. Um Körpersprache richtig zu deuten, benötigt man ein gewisses Grundwissen, das sich sowohl aus selbst gesammelten Erfahrungen gewinnen lässt als auch aus fundiertem Fremdwissen – etwa aus entsprechender Fachliteratur. «Falschspieler» beispielsweise lassen sich «entlarven», indem man ihr Verhalten detailliert unter die Lupe nimmt – und richtig analysiert. Schulen Sie also Ihre Wahrnehmung, um ein noch besseres Gespür für Situationen zu bekommen: Kritische Offenheit (auf beiden Seiten) ist nicht nur das beste Mittel gegen Vorurteile, sondern auch ein Garant für ein erfolgreiches Miteinander.

63 bis 90 Punkte
Sie folgen Ihren Wahrnehmungen und Ihrer innere Stimme

In Sachen Menschenkenntnis macht Ihnen so leicht keiner etwas vor, denn Sie verlassen sich auf Ihre gute Beobachtungsgabe und auf Ihr Bauchgefühl – und das trügt Sie selten. Dank Ihrer ausgeprägten Intuition können Sie sich hervorragend in andere Menschen hineinversetzen: Sie spüren regelrecht, was Ihr Gegenüber fühlt, was in ihm/ihr gerade vorgeht. Dieses Feingefühl besitzen nicht viele Menschen. Doch Sensibilität allein reicht nicht aus, um Menschen wirklich verstehen zu können. Dafür braucht man eine gewisse Lebenserfahrung. So verlassen sich manche Kulturkreise und Naturvölker heute noch auf die Weisheit alter Menschen – und auf deren gute Menschenkenntnis. Auch Sie scheinen eine hohe geistige Reife zu besitzen und den Mut, Ihren Wahrnehmungen zu vertrauen und Ihrer inneren Stimme zu folgen. Natürlich können auch Sie sich mal irren, aber Ausnahmen bestätigen letztlich die Regel und erweitern Ihren Erfahrungsschatz.

Weil Sie mit offenen Augen (und Ohren) durchs Leben gehen, entgeht Ihnen nur weniges. Weil Sie ein offenes Wesen haben und kommunikationsfreudig sind, lernen Sie viele Menschen kennen – das schult. Ihr Interesse für Ihre Mitmenschen ist aufrichtig und ernsthaft. Deshalb beobachten Sie Ihre Umgebung ganz genau, registrieren Stimmungen und «Schwingungen» – während Ihre inneren Antennen stets auf Empfangsbereitschaft geschaltet bleiben. Trotzdem fällen Sie nicht vorschnell ein Urteil, sondern lassen Ihre Eindrücke erst mal wirken. Eigentlich ist Ihre Menschenkenntnis kaum zu übertreffen. Nur ein wenig Vorsicht könnte Ihnen manchmal nicht schaden. Denn es gibt Situationen, in denen Sie sich ganz und ausschließlich auf «Ihren Bauch» verlassen – und Ihre Beobachtungen ignorieren. Dann wollen Sie einfach nicht wahrhaben, was Ihre Augen sehen. Vor allem in der Liebe neigen Sie dazu, gegen Ihren gesunden Menschenverstand zu handeln. Aber das wissen Sie selbst ja vermutlich am besten ...

Machen Sie Ihre Träume wahr?

Träume sind Schäume? Von wegen. Jeder Mensch hat Träume. Der Traum von Freiheit, Abenteuer, Glück. Von Ruhm, Erfolg, Macht, vom absoluten Traumjob, von einem Leben im Luxus – oder von der ganz großen Liebe. Doch nicht jeder verwirklicht sie. Fest steht: Nur wer an sich selbst glaubt, schafft es, sich seine Wünsche zu erfüllen und seine Visionen wahr werden zu lassen. Negative Gedanken hingegen ersticken jede Idee bereits im Keim. Manchmal wollen wir unsere Träume aber gar nicht realisieren, sondern mit beflügelnden Phantasien unseren Alltag verzaubern. Begnügen Sie sich mit dieser magischen Kraft der Träume, die Ihr Leben bunter machen, oder gehen Sie einen Schritt weiter und setzen Sie Ihre Träume in die Tat um?

1. *Wer träumt, dem wachsen Flügel! Der Traum vom Fliegen ist so alt wie die Menschheit. Fliegen symbolisiert Unabhängigkeit, Leichtigkeit, Abheben vom Alltag. Wie würden Sie Ihren Flugträumen am liebsten Flügel verleihen?*
a) Gar nicht. Ich leide unter Höhenangst
b) In einem Heißluftballon oder Hubschrauber
c) Beim Paragliding oder Drachenfliegen

2. *Kopfüber in die Tiefe ... Versetzen Sie sich ein paar Sekunden lang in dieses Bild: Sie haben sich zum Bungeejumping überreden lassen. Nun stehen Sie in Schwindel erregenden 75 Metern Höhe im Sprungkorb, werden gerade fachmännisch eingeklinkt, um sich Minuten später am Gummiseil ins Nichts fallen zu lassen. Welche Gedanken schießen Ihnen in diesem Moment durch den Kopf?*
a) Ich fasse es nicht, dass ich wirklich hier stehe
b) Von hier oben sieht alles so winzig aus
c) Hoffentlich hält das Seil

3. *Verträume nicht dein Leben, sondern lebe deinen Traum! Was halten Sie von diesem Spruch?*

a) Die Sache hat einen Haken: Wer seinen Traum lebt, braucht Geld, viel Geld!
b) Die Idee finde ich schön, auch wenn der Spruch leicht abgedroschen klingt
c) Nicht viel, wenn ich darüber nachdenke – man kann doch beides: träumen und leben!

4. *Wie oder wo findet man Ihrer Meinung nach die große Liebe?*

a) Dort, wo man sie am wenigsten erwartet
b) Indem man seinem Glück ein kleines bisschen auf die Sprünge hilft
c) Das liegt nicht in unseren Händen: Liebe ist Schicksal!

5. *Stellen Sie sich vor, Sie haben bei einem Gewinnspiel eine Traumreise für zwei gewonnen. Wert: 5000 Euro. Das Ziel: Sie haben die Wahl! Wofür entscheiden Sie sich?*

a) Für eine Reise nach Tibet oder auf die Galapagos-Inseln im Pazifik
b) Für einen Segeltörn durch die Karibik oder für Insel-Hopping zu den Perlen der Südsee
c) Für einen Trip ans (andere) Ende der Welt: nach Tasmanien oder Neuseeland

6. *Was halten Sie von der Idee, Ihr Hobby zum Beruf zu machen?*

a) Nichts – besser man trennt beides voneinander
b) Das Problem ist, von einem Hobby kann man kaum leben
c) Ich arbeite noch daran

7. *Sie haben sich ein Herz gefasst und sich in Ihrer Firma um die ausgeschriebene Teamleiter-Stelle beworben – und eine Absage erhalten. Wie verarbeiten Sie diese Niederlage?*

a) Ich sage mir, wer weiß, wofür es gut ist

b) Ich hake nach, was der Grund für die Absage war
c) Ich bitte die involvierten Kollegen um absolute Diskretion!

8. *Mit dem zauberhaften «Harry Potter» wurde die Schriftstellerin Joanne K. Rowling weltberühmt und sehr reich. Wie hat die früher absolut unbekannte Engländerin das Ihrer Meinung nach geschafft?*
a) Mit einem gigantischen Werbefeldzug und einer Riesenportion Glück!
b) Mit viel Talent, Herz, Humor und jeder Menge Phantasie
c) Indem sie unbeirrt ihren Weg gegangen ist – egal, was andere sagten

9. *So genannte Motivationstrainer animieren ihre Kursteilnehmer dazu, barfuß über glühende Kohlen zu gehen. Was glauben Sie, ist der Trick dabei?*
a) Dass man sich selbst immer wieder sagt: «Ich schaffe das!»
b) Die Füße vorher gut zu kühlen oder in kaltes Wasser zu tauchen
c) Wenn man schnell genug läuft, haben Brandblasen keine Chance!

10. *Welchen dieser Erfolgstypen beneiden Sie am meisten?*
a) Den heimlichen Millionär
b) Den berühmten Filmstar
c) Den renommierten Schriftsteller

11. *Was denken Sie über Männer, die mit ihren Kindern am Strand Sandburgen bauen?*
a) Her mit Eimer und Schaufel! Ich mache mit!
b) So einen Vater hätte ich als Kind auch gerne gehabt ...
c) Wie kindisch! Zu Hause spielen die wahrscheinlich mit Lego und Playmobil

12. Welchen der folgenden TV-Moderatoren mögen Sie am liebsten?
a) Harald Schmidt
b) Günther Jauch
c) Thomas Gottschalk

13. *Haben Sie ein konkretes Zukunftsziel, auf das Sie momentan hinarbeiten?*
a) Nein, ich stecke mir jeden Tag neue Ziele
b) Ja, und das bleibt mein Geheimnis!
c) Es gibt da ein paar Dinge, die ich mir vorgenommen habe

14. *Ein dringender Termin in der Stadt: Die Zeit läuft, und Sie suchen noch immer verzweifelt nach einem Parkplatz. Mit welchen Gedanken versuchen Sie sich selber zu beruhigen?*
a) Wenn ich fünf Minuten zu spät komme, macht das auch nichts ...
b) Mit einer originellen Entschuldigung werde ich das wieder gerade biegen
c) Ich kriege einen Parkplatz, ich kriege einen Parkplatz, ich kriege einen ...

15. *Eine gute Fee erfüllt Ihnen einen Herzenswunsch, der Ihrem Leben eine Wende geben könnte. Sie müssen sich jedoch für eine Sache entscheiden. Wo sehen Sie Ihren Neustart?*
a) In einem sozialen oder künstlerischen Projekt
b) In einer neuen beruflichen Herausforderung
c) In einer neuen Liebe

Testauswertung

	a	b	c	
Frage 1	0	3	6	Punkte
Frage 2	3	6	0	
Frage 3	0	3	6	

Frage 4	0	6	3
Frage 5	6	0	3
Frage 6	0	3	6
Frage 7	3	6	0
Frage 8	0	3	6
Frage 9	6	0	3
Frage 10	0	6	3
Frage 11	6	3	0
Frage 12	3	6	0
Frage 13	0	3	6
Frage 14	3	0	6
Frage 15	6	3	0

0 bis 24 Punkte
Sie haben die Macht, Ihre Träume wahr werden zu lassen!

Selbstverständlich haben Sie Träume. Aber dass sie tatsächlich wahr werden, können Sie sich nicht so recht vorstellen. Nicht im Traum fällt Ihnen ein, dass Ihre größte Sehnsucht bald gestillt und Ihr Herzenswunsch in Kürze in Erfüllung gehen könnte. Vielleicht, irgendwann einmal, wenn alles gut geht. Mit diesen fernen Aussichten können Sie leben. Warum so genügsam? Warum nicht einfach mal nach den Sternen greifen? Die Redewendung «Wer nicht wagt, der nicht gewinnt» kommt etwas altbacken daher und scheint Staub angesetzt zu haben. Aber Tatsache ist: Nur wer nach scheinbar Unerreichbarem strebt, kann auch das schier Unmögliche schaffen! Es gibt genügend Menschen, die Dinge tatsächlich bewegt haben, die andere vorher für unbeweglich hielten. Wer hätte zum Beispiel 1979 in Deutschland wirklich daran geglaubt, dass sich zehn Jahre später die Mauer wieder öffnen und der «Eiserne Vorhang» fallen würde? Und wer hätte sich erträumen lassen, dass in Südafrika mit Nelson Mandela ausgerechnet ein schwarzer Freiheitskämpfer den weißen Apartheidsstaat demokratisch umgestalten würde? Die Chancen, Ihre Träume Wirklichkeit werden zu lassen, sind also besser, als Sie denken – doch Sie müssen daran glauben. Und daran arbeiten! Wenn Sie nämlich von vornherein davon ausgehen, dass Sie Ihr Ziel sowieso nicht erreichen, werden Sie tatsächlich scheitern. Versuchen Sie es mit positivem Denken! Tun Sie einfach mal so, als ob Ihr Traum ganz realistisch sei und nur noch umgesetzt werden müsse. Dann werden Sie sehen: Wenn Sie von einer Sache felsenfest überzeugt sind und sich mit aller Kraft dafür einsetzen, können Sie eine ganze Menge bewirken! Und Sie brauchen sich dann später nicht über eine verpasste Gelegenheit zu ärgern. Fast immer bereut man nämlich nicht die Dinge, die man gemacht, sondern die Chancen, die man nicht genutzt hat. Also: Stecken Sie sich Ziele und setzen Sie alles daran, diese Ziele auch wirklich zu erreichen. Denn manchmal werden Träume wahr!

27 bis 57 Punkte
Mit Geduld und Ausdauer erreichen Sie Ihr Ziel!

Kennen Sie Depeche Mode? Die englische Band, die in den 80er Jahren Kultstatus errang? Bei einem ihrer Hits lohnt es sich jedenfalls, genauer auf den Text zu achten: In «Dream on» («Träum weiter») singt Dave Gahan: «There's no time for hesitating (keine Zeit mehr zu zögern) ... What you take, won't kill you (was du dir nimmst, wird dich nicht umbringen). But careful what you're giving ...» (Doch pass auf, was du dafür gibst).» Die musikalische Botschaft hört sich düster an, aber der Gedanke dahinter ist klar – und wahr: Im Leben hat fast alles seinen Preis. Das heißt, auch für die Verwirklichung unserer Träume müssen wir (be-)zahlen. Das Träumen ist kostenlos, aber ihre Realisierung nicht. Wenn wir unsere Träume wahr werden lassen, heißt es Opfer bringen – gleich welcher Art. Doch vor genau diesen Opfern fürchten Sie sich. Sie haben Angst, beim Umsetzen Ihrer Träume etwas zu verlieren, Sicherheit zum Beispiel. Dabei hätten Sie den Willen und die Energie, sich Ihre Wünsche zu erfüllen. Momentan fehlt es Ihnen allerdings noch an der nötigen Ausdauer. Durchhalten ist die Devise! Wenn Sie schon aufgeben, sobald Sie über die ersten Steinchen stolpern, werden Sie Ihren Weg nie zu Ende gehen. Verlieren Sie also nicht den Mut, und vor allem nicht den Glauben an sich selbst! Insbesondere im Job brauchen Sie Biss und Beharrlichkeit. Auch in der Liebe kann Durchhaltevermögen nicht schaden. Halten Sie an Ihren Träumen fest und verlieren Sie Ihre Ziele nicht aus den Augen. Nicht nur der Glaube kann Berge versetzen, auch unsere Visionen haben die Macht, Großes zu bewirken.

60 bis 90 Punkte
Bewahren Sie sich Ihre Träume, aber verwechseln Sie sie nicht mit der Realität!

Hallo, aufwachen! Hat Ihnen das schon mal jemand gesagt? Am helllichten Tag? Dann haben Sie wahrscheinlich wieder mal in einem Tagtraum gesteckt und sich Ihren Phantasien hingegeben. Beneidenswert, aber auch gewagt: Für Träumereien ist in unserer heutigen, leistungsorientierten Zeit wenig Raum – und noch weniger Verständnis. Leider! Sie sind ein Mensch mit Visionen. Aber Visionäre werden schnell als Träumer abgestempelt. Dabei heißt träumen nicht zwangsläufig von der Realität abheben, sondern sich beflügeln lassen. Bewahren Sie sich also Ihre Träume. Denn zu Recht sind Sie der Überzeugung: (Fast) alles ist möglich – wenn man nur stark genug daran glaubt! Allerdings gibt es auch Dinge, die wir Menschen nicht beeinflussen können. Das Leben hat nun mal Grenzen. Solange Sie sich dieser Grenzen bewusst sind, das heißt Ihre Träume nicht mit der Realität verwechseln, brauchen Sie sich keine Sorgen zu machen. Träumen Sie weiter, aber vergessen Sie nicht, hin und wieder die Augen zu öffnen. Vor allem im Job ist statt Träumen Handeln angesagt!

Haben Sie bei diesem Test jedoch eine sehr hohe Punktzahl erreicht (über 75 Punkte), sollten Sie aufpassen, dass Sie beim Träumen nicht den Bodenkontakt verlieren. Machen Sie sich nicht selbst etwas vor, sondern überprüfen Sie das Realisierungspotenzial, sprich den Wirklichkeitswert, Ihrer Visionen. Lernen Sie zwischen Träumerei und Traum zu unterscheiden. Also zwischen Phantasien, die Schwung in Ihr Leben bringen, und Visionen, hinter denen konkrete Ziele stehen. Fragen Sie sich, ob sich Ihre größten Träume in nicht allzu ferner Zukunft in die Tat umsetzen lassen. Denn wenn Sie nur Luftschlösser bauen, könnte Ihr Lebenstraum irgendwann zur Illusion werden, die dann beim kleinsten Piks wie ein Luftballon zerplatzt.

Ist bei Ihnen alles im Fluss?

Das Leben ist Bewegung, Veränderung, Fortschritt. Wer nicht auf der Stelle treten will, braucht Impulse und den Willen, alles im Fluss zu halten. Denn was fließt, verändert sich. Und «Wer sich nicht verändert, hat nicht gelebt» – das besagt jedenfalls ein chinesisches Sprichwort. Überhaupt glauben die Chinesen fest an eine fließende Lebensenergie – das *Chi*. So lehrt die jahrtausendealte chinesische Wissenschaft Feng Shui, wie diese Energie in Fluss kommen kann. Demnach lässt sich positive Energie mit entsprechenden Maßnahmen in der Weise lenken, dass sie neue Impulse gibt – zum Beispiel durch Licht und Farben. Aber auch ein Garten, eine idyllische Landschaft oder ein schönes Bild können eine inspirierende Energiequelle sein. Stress, Hektik, Lärm hingegen können unter Umständen zu Energieblockaden führen. Selbst wenn Sie nicht an solche Zusammenhänge glauben und «die Lehre von der fließenden Lebensenergie» für faulen Zauber halten, wird Ihnen Folgendes einleuchten: Nur wer sich bewegt, kann etwas bewegen! Mit diesem Test stellen Sie fest, ob in Ihrem Leben noch genügend Bewegung ist, ob es im Wesentlichen harmonisch verläuft oder ob Sie kleine Anstöße brauchen, damit Ihnen langfristig kein Stillstand droht ...

1. *Betrachten Sie einmal möglichst objektiv Ihre eigene Wohnung bzw. das Wohnzimmer Ihrer gemeinsamen Wohnung. Welche der folgenden Beschreibungen charakterisiert am treffendsten Ihr Reich?*

a) Die Einrichtung ist sehr modern und minimalistisch, ausgefallene Designerlampen, schlichte Möbel mit langen geraden Kanten, klaren Linien und Metall dominieren

b) Gemütlichkeit ist mir sehr wichtig, deshalb liebe ich den Stilmix aus behaglichen Holz- und kuscheligen Polstermöbeln, witzigen Accessoires und viel persönlichem Krimskrams

c) Alles wirkt vor allem hell und luftig, Pflanzen, Bilder, Stehlampen und bunte Stoffe setzen farbliche Akzente und sorgen für eine stimmungsvolle Atmosphäre

2. *Die so genannte Midlife-Crisis setzt laut Trendforschern immer früher ein. So bekommen viele Frauen heute schon mit 25 oder 30 «die große Krise». Manche Psychologen sprechen deshalb sogar schon von einer «Quarterlife-Crisis». Wo liegt Ihrer Meinung nach die Hauptursache dieses vorzeitigen Stimmungstiefs?*

a) Im zunehmenden Leistungsdruck unserer Gesellschaft: Die Uhr tickt immer schneller, also werden auch berufliche und private Erfolge immer früher erwartet
b) In einer wachsenden inneren Unruhe: Immer mehr Menschen sind unzufrieden mit der Oberflächlichkeit ihres Seins und suchen nach neuen Werten
c) In den Medien und der Werbung. Sie vermitteln, dass man etwas verpasst hat, wenn man in jungen Jahren noch nicht die wesentlichen Dinge des Lebens erreichen konnte

3. *Worin liegt Ihrer Einschätzung nach Ihr größtes Talent im Umgang mit anderen?*

a) Ich kann Menschen dazu ermutigen, auch mal etwas völlig Abwegiges zu tun
b) Ich kann Menschen Denkanstöße geben
c) Ich kann Menschen zum Lachen bringen

4. *Wenn Sie auf Ihr bisheriges Leben zurückblicken: Glauben Sie, dass Sie Ihre wichtigsten Ziele bereits erreicht haben?*

a) Nein, in den vergangenen Jahren haben entsprechende Erfolge leider auf sich warten lassen
b) Nicht alle, aber viele – vor allem die Ziele, die mir wirklich am Herzen lagen
c) Ja. Weil ich nicht so schnell aufgebe: Was ich mir fest vornehme, schaffe ich auch

5. *Sie haben sich einen extravaganten Mantel gekauft, der jetzt Ihr Lieblingsstück ist. Eine Kollegin ist davon ebenfalls begeistert und fragt Sie, wo Sie das gute Stück gekauft haben. Was sagen Sie Ihr?*

a) Ich verrate Ihr den Laden, betone aber, dass es sich um ein Unikat handelt
b) Ich erkläre ihr, wo der Laden genau liegt und wie sie den Mantel dort findet
c) Ich nenne ihr einfach ein anderes Geschäft

6. *Wie oft haben Sie in letzter Zeit Dinge getan, die Sie im Nachhinein bereut haben?*

a) Bei Kleinigkeiten passiert mir das eigentlich recht häufig
b) Eigentlich gar nicht – ich überlege mir möglichst vorher ganz genau, was ich tue
c) Mir fallen da zwei, drei Sachen ein, bei denen ich zu voreilig war

7. *Was hilft Ihnen am besten, wenn Sie mal total vom Alltag abschalten wollen?*

a) Mich regelrecht auszuklinken und in eine andere Welt zu tauchen – zum Beispiel mit einem spannenden Buch oder einem bewegenden Film
b) In der Wohnung zu «kruschteln»: in Unterlagen zu kramen, alte Fotos zu sortieren, die CD-Sammlung neu zu ordnen etc.
c) Ein anregendes Gespräch mit Freunden, ein aufregender Abend außer Haus oder Chatten im Internet

8. *Hand aufs Herz: Fällt es Ihnen schwer, ganz offen über Ihre Ängste und Sorgen zu sprechen?*

a) Ja, ich würde mich zu verletzlich fühlen, wenn ich mein Innerstes nach außen kehre
b) Nein, im Gegenteil. Probleme bewältige ich am besten, wenn ich mit anderen darüber rede
c) Kommt drauf an, mit wem: Intime Themen und emotionale Nähe setzen Vertrauen voraus

9. *Ein wichtiger Termin liegt vor Ihnen. Wie bereiten Sie sich darauf vor, um sich selber Ihre Nervosität zu nehmen?*

a) Ich pflege konzentriert mein Äußeres, um dabei meinen inneren Schweinehund abzulenken
b) Ich versuche meinen Kopf freizukriegen, etwa mit einem Spaziergang an der frischen Luft
c) Ich spiele in Gedanken nochmal alle Eventualitäten durch, um mich sicherer zu fühlen

10. *Wie gehen Sie damit um, wenn Sie mal so richtig die Wut im Bauch haben?*

a) Ich reagiere sie ab, zum Beispiel beim Sport oder Putzen
b) Ich versuche erst gar keine große Wut aufkommen zu lassen
c) Ich arbeite dagegen, etwa mit gezielten Entspannungsübungen

11. *Ihr neuer Partner stellt Sie seinen besten Freunden vor. Welchen Eindruck möchten Sie bei dieser ersten entscheidenden Begegnung auf keinen Fall hinterlassen?*

a) Langweilig oder sogar spießig zu wirken
b) Großmäuligkeit oder Unsicherheit zu vermitteln
c) Oberflächlich und austauschbar zu erscheinen

12. *Wie viele der folgenden Aussagen treffen auf Sie zu?*

☐ «Wenn Geld keine Rolle spielen würde, könnte ich mir einen Ortswechsel gut vorstellen.»
☐ «Partys, bei denen ich fast niemanden kenne, finde ich spannend und aufschlussreich.»
☐ «Wenn ich Probleme gelöst habe und alles perfekt läuft, spornt mich das zu Veränderungen an.»
☐ «Meine Freunde und Bekannten sind sehr unterschiedlich – genau das schätze ich an ihnen ...»
☐ «Geschmack ändert sich, deshalb feile ich oft an meinem Kleidungs- und Wohnungsstil.»

a) Höchstens eine

b) Zwei bis drei
c) Vier bis fünf

13. *Und wie viele dieser Statements könnten von Ihnen stammen?*
□ «Hin und wieder ertappe ich mich dabei, dass ich andere um ihren größeren Erfolg beneide.»
□ «Ich fühle mich oft völlig unmotiviert und empfinde meinen Alltag als monoton.»
□ «Manchmal zweifle ich doch sehr an mir, meinen Leistungen und meinen Empfindungen.»
□ «Schwierige Entscheidungen schiebe ich möglichst auf, um nichts falsch zu machen.»
□ «Obwohl ich recht zufrieden bin, habe ich manchmal das Gefühl, dass da noch mehr sein müsste.»
a) Eigentlich keine
b) Ein bis zwei
c) Drei bis fünf

14. *Ein schöner Urlaub geht zu Ende. Mit welchem Gefühl treten Sie Ihre Rückreise an?*
a) Ich freue mich auf zu Hause: auf meine Lieben daheim, mein eigenes Bett
b) Ich bin ein bisschen traurig, denn jetzt kehrt wieder der graue Alltag ein
c) Mit vielen Erinnerungen an eine tolle Zeit und der Gewissheit, mich gut erholt zu haben

15. *Schließen Sie die Augen und stellen sich einen strahlend blauen Himmel mit schnell vorüberziehenden schneeweißen Wolken vor ... Und lesen Sie die folgende Frage erst, wenn Sie die Augen wieder geöffnet haben. Nicht schummeln!*

Also: Wie sahen «Ihre» Wolken aus?
a) Irgendwie wie Schäfchen

b) Wie auseinander gezogene Wattebäusche
c) Sie hatten in etwa die Form eines Blumenkohls

Testauswertung

	a	b	c	
Frage 1	0	3	6	Punkte
Frage 2	3	6	0	
Frage 3	6	0	3	
Frage 4	0	3	6	
Frage 5	3	6	0	
Frage 6	6	0	3	
Frage 7	0	3	6	
Frage 8	0	6	3	
Frage 9	3	6	0	
Frage 10	6	0	3	
Frage 11	6	0	3	
Frage 12	0	3	6	
Frage 13	6	3	0	
Frage 14	3	0	6	
Frage 15	6	3	0	

0 bis 30 Punkte
Mit mehr Selbstvertrauen kommt Ihr Leben wieder in Fluss

Könnte es sein, dass Sie momentan das Gefühl haben, keine Fortschritte zu machen? Dass Ihnen Impulse fehlen, die Ihnen neuen Antrieb geben? Dann wird es höchste Zeit, diesem Stillstand aktiv entgegenzuwirken! Denn nur Sie selbst können Ihr Leben verändern – die nötigen Werkzeuge liegen in Ihrer Hand und kosten nicht viel: «nur» Selbstvertrauen, Kraft und Ausdauer. Am besten beginnen Sie gleich jetzt damit! Und zwar Schritt für Schritt ...

Der erste Schritt zur Veränderung einer unbefriedigenden Situation heißt, wieder an sich selbst glauben und daran, dass man etwas (ver-)ändern kann. Lassen Sie sich von den Möglichkeiten, die Sie haben, nicht länger einschüchtern, sondern sehen Sie jede Alternative als Chance für einen Neubeginn! Solange Sie der Meinung sind, dass jegliche Anstrengung sowieso nichts bringt, werden Sie auch nichts erreichen.

Der zweite Schritt: Wechseln Sie Ihren Standpunkt. Sich aus einer festgefahrenen Situation zu befreien erfordert die bewusste Bewegung in eine andere Richtung, kurzum einen Ortswechsel. Das bedeutet jedoch nicht, gleich umziehen oder verreisen zu müssen. Es reicht schon aus, einen inneren Perspektivenwechsel vorzunehmen. Realisieren Sie einen gedanklichen Rollentausch: Falls Sie zum Beispiel das Gefühl haben, in Job oder Partnerschaft auf der Stelle zu treten, dann stellen Sie sich mal vor, wie andere dieselbe Situation empfinden bzw. an Ihrer Stelle reagieren würden: Wie würde sich ein Kollege in Ihrer Lage verhalten? Was geht zum Beispiel bei einem Streit in Ihrem Partner vor? Was machen andere, wenn ihnen die Decke auf den Kopf fällt? Oder wenn die Wut hoch kocht? Brechen Sie Ihre üblichen Verhaltensmuster auf, Ihr Umfeld wird darauf reagieren, und Sie werden eine Veränderung spüren.

Dritter Schritt: Verleihen Sie Ihrer Phantasie Flügel! Wie wär's zum Beispiel mit einer phantastischen Reise? Legen Sie sich an einem bequemen Platz auf den Rücken, schließen Sie die Augen und entspannen Sie sich. Schicken Sie Ihre Gedanken auf «Fernreise», zum Beispiel an einen exotischen Strand, in eine schillernde Unterwasserwelt oder zu einem abenteuerlichen Höhenflug über Berge, Seen und Wälder. Lassen Sie ruhig auch die abwegigsten Gedanken, die absurdesten Gefühle zu. So gewinnen Sie Abstand, entdecken Ihre geheimsten Wünsche und Sehnsüchte – und stoßen dabei ganz nebenbei vielleicht auf Ihre wahren Bedürfnisse. Probieren Sie's aus ...

Vierter Schritt: Hören Sie auf Ihre innere Stimme! Sie müssen ja nicht gleich Ihren Kopf ausschalten, aber verlassen Sie sich ruhig öfter auf Ihr Bauchgefühl. Wussten Sie, dass es Frauen leichter fällt, auf ihre Intuition zu hören? Männer folgen zwar auch nicht selten ihrem Instinkt, doch sie glauben, dass ihre Reaktionen auf Erfahrungen und Fakten beruhen, die sie zuvor gründlich gesammelt und analysiert haben.

Fünfter Schritt: Keine Angst vor «falschen» Entscheidungen! Gehen Sie das Risiko ein, Fehler zu machen. Jede Entscheidung ist richtig – in dem Moment, in dem sie getroffen wird. Gar keine Entscheidung zu treffen kann hingegen dauerhaft lähmen und somit jeden Fortschritt blockieren. Wagen Sie also Experimente und betreten Sie ruhig ungewöhnliche Wege. Nur Mut! Außerdem: Absolute Sicherheit gibt es sowieso nicht ...

33 bis 60 Punkte
Sobald Stillstand droht, sorgen Sie für neue Impulse

In Ihrem Leben bewegt sich viel – weil sich in Ihnen viel bewegt! Sie reagieren flexibel auf Veränderungen, sind offen für Neues und aufgeschlossen gegenüber Fremden. Sie lieben zwar Ihre krisenerprobten Gewohnheiten, Ihre vertrauten Rituale, aber Sie beharren nicht darauf. Und Sie haben den Mut zum Zweifeln, trauen sich, Dinge infrage zu stellen. Deshalb gerät Ihre Welt nicht aus den Fugen, wenn mal etwas Unvorhergesehenes passiert. Im Gegenteil: Plötzliche Richtungsänderungen empfinden Sie als Bereicherung – vorausgesetzt, dass sie keinen negativen Beigeschmack haben. Denn Sie wissen, dass bestimmte Unsicherheitsfaktoren die Spannung im Leben erhöhen.

Dennoch sind auch Sie nicht vor einem gewissen Stillstand gefeit, weil Sie sich manchmal mit selbstkritischen Grübeleien blockieren. Dagegen gibt es ein einfaches Mittel: Haken Sie ab, was nicht mehr zu ändern ist, und stecken Sie stattdessen lieber Ihre ganze Energie in Dinge, die sich noch verändern lassen. Achten Sie noch bewusster auf Ihre positiven Gefühle.

Eine weitere «Powerbremse» ist Neid: Könnte es sein, dass Sie gelegentlich zur Unzufriedenheit neigen, wenn Sie sich mit anderen vergleichen, die es scheinbar besser haben als Sie? Auch diese Energieblockade lässt sich recht leicht beheben: Spielen Sie in Gedanken doch mal durch, ob Sie in letzter Konsequenz wirklich mit dem vermeintlichen «Glückskind» tauschen wollen. Ist die bzw. der andere tatsächlich viel besser dran als Sie? Oder ist dieses Glück vielleicht nur oberflächlich und mit gewissen Eingeständnissen verbunden? Wie sieht zum Beispiel das Privatleben der beneidenswert erfolgreichen Kollegin aus? Und wie steht's mit ihrer Gesundheit?

Apropos Gesundheit: Ist Ihnen bewusst, dass muskuläre Verspannungen und Spannungskopfschmerzen Anzeichen von körperlichen Energieblockaden sein können? Falls Sie selbst davor gefeit sind, können Sie sich glücklich schätzen. Ansonsten sollten Sie wissen, dass neben gezielter Entspannung, Yoga und autogenem Training auch die chinesische Medizin mit Hilfe von Akupunktur Blockaden lösen und die Energien wieder zum Fließen bringen kann.

Ein weiteres Hindernis, das den Lebensfluss blockiert, ist Ungeduld. Das trifft auch auf Sie zu, denn wenn Sie etwas verändern wollen, dann soll das gefälligst prompt geschehen. Für entscheidende Veränderungen benötigt man allerdings einen langen Atem. Geben Sie also nicht so schnell auf, wenn Sie meinen, dass Ihre Bemühungen für eine Sache vergeblich sein könnten. Nur weil manche Dinge kompliziert sind, sollten Sie nicht die Flinte ins Korn werfen. Gegen Ungeduld gibt es leider kein probates Mittel. Setzen sie sich selbst nicht zu stark unter Druck und freuen Sie sich auch mal über kleinere Erfolge. Denken Sie daran, dass Sie auch im Falle eines Scheiterns gewonnen haben, denn Sie haben gekämpft und das schier Unmögliche gewagt.

63 bis 90 Punkte
Innere Perspektivenwechsel könnten mehr Harmonie in Ihr bewegtes Leben bringen

Ihr Lebensmotto lautet: Nur keine Langeweile. Deshalb müssen Sie stets «in Action» sein, sich ständig neue Impulse holen. Ferne Reisen, ausgelassene Partys, spontane Trips – all das übt einen unwiderstehlichen Reiz auf Sie aus. Sie lieben das Abenteuer, das Risiko und benötigen den permanenten Thrill, um nicht auf der Stelle zu treten. Routine und Gleichförmigkeit schrecken Sie ab. Leben heißt für Sie, die Perspektiven zu wechseln und die Welt um sich herum zu verändern. Mit Erfolg! Ihre Mobilität mobilisiert, reißt andere mit, bringt Ihre Mitmenschen in Fahrt – aber oft auch in Rage. Denn Ihr Aktionismus kann auf Dauer ganz schön anstrengend sein. Auch Ihr Temperament könnte eher ruhigen Zeitgenossen mitunter auf die Nerven gehen.

Gefühle zu unterdrücken ist Ihre Sache nicht. Sie machen weder aus Freude oder Trauer noch aus Ärger einen Hehl. Damit bewahren Sie sich zwar selbst vor inneren Blockaden und bauen angestaute Wut effektiv ab, für sensible Gemüter kann Ihre Gegenwart jedoch zur Strapaze werden. Denken Sie ab und zu ruhig mal an Ihre Mitmenschen, denn es lohnt sich durchaus, negative Gefühle in Zaum zu halten. Temperamentvoll ausgelebter Ärger verletzt den anderen und kann die nächste Auseinandersetzung unangenehm heftig werden lassen! Ihr Temperament zu zügeln bedeutet jedoch nicht, Ihre Lebenslust zu unterdrücken, sondern die Fähigkeit zu trainieren, negative in positive Energie umzuwandeln.

Besinnen Sie sich in heiklen Situationen ruhig Ihrer besonderen Gabe, jedem Schicksalsstreich etwas Gutes abzugewinnen.

Denken Sie auch einmal darüber nach, ob Sie wirklich so viele äußere Impulse benötigen, um Ihrem Leben Spannung zu geben. Oder ist es nicht so, dass Sie eigentlich Probleme durch eine Veränderung der äußeren Umstände nur verlagern, nicht aber beheben? Und sollte eine wirklich entscheidende Veränderung nicht eher in Ihrem Inneren beginnen?

Glaubt man Ihrem Testergebnis, so fehlt Ihnen momentan die innere Ruhe, sich auch ohne dauernd neue Eindrücke ausgeglichen zu fühlen. Noch haben Sie Angst, etwas zu verpassen, wenn Sie nicht zur richtigen Zeit am richtigen Ort sind. Aber was ist der richtige Zeitpunkt? Und was der richtige Ort? Könnte es nicht sein, dass es dieses absolute Glück gar nicht gibt?

Innere Zufriedenheit findet nur, wer in sich selbst ruht. Die Suche nach dem großen Glück sollte nicht so sehr von Äußerlichkeiten beeinflusst werden. Viele Menschen beklagen heute eine innere Leere – und betäuben dieses beängstigende Gefühl mit äußerem Ballast. Bis sie irgendwann merken, dass die Leere trotz allem Luxus, Erfolg und Abenteuer nicht kleiner, sondern größer wird. Das haben Sie doch nicht nötig, oder? Also: Nur Mut zur Einfachheit!